बेचारे अँगरेज़ों की विपता व उनके पत्र

बेचारे अंग्रेज़ों की विपता व उनके पत्र

ख्वाज़ा हसन निज़ामी

वाणी प्रकाशन

वाणी प्रकाशन

4695, 21-ए, दरियागंज, नयी दिल्ली 110 002

फ़ोन : +91 11 23273167 फ़ैक्स : +91 11 23275710

शाखाएँ

अशोक राजपथ, पटना 800 004, बिहार

कॉफ़ी हाउस कैम्पस, महात्मा गांधी मार्ग, इलाहाबाद 211 001, उत्तर प्रदेश

महात्मा गांधी अन्तरराष्ट्रीय हिन्दी विश्वविद्यालय, वर्धा 442 001, महाराष्ट्र

सुल्तानिया रोड, मोतिया पार्क, भोपाल 462 001, मध्य प्रदेश

www.vaniprakashan.com
marketing@vaniprakashan.in
sales@vaniprakashan.in

BECHARE ANGREJON KI VIPTA VA UNKE PATRA
by Khwaja Hasan Nizami

ISBN : 978-93-5229-383-4
History

प्रथम संस्करण 2002
द्वितीय संस्करण 2020

मूल्य : ₹ 195

सिटी प्रेस, दिल्ली-110 095 में मुद्रित

वाणी प्रकाशन का लोगो मक़बूल फ़िदा हुसेन की कूची से

अंगरेजों की विपता

विप्लव होने से लगभग एक मास पूर्व—पहली अप्रैल सन् 1857 ई. को—इस आशय की एक विज्ञप्ति देहली की जामा मस्जिद में चिपका दी गई थी, कि 11 मई को देहली लूटी जाएगी और भीषण रक्तपात होगा; किन्तु उस समय अधिकारियों ने इस ओर विशेष ध्यान नहीं दिया और इसे एक साधारण बात समझ कर हँसी में टाल दिया गया। उत्तर पश्चिमीय जिलों के समाचार-पत्रों ने भी इसे कोई महत्व नहीं दिया। इसका परिणाम यह हुआ कि सर्वसाधारण भी निश्चिंत बैठे रहे। यहाँ तक कि 11 मई को वह भयंकर दिन आ गया और मेरठ के विप्लवकारियों का एक जत्था प्रातःकाल 7 बजे नौकाओं द्वारा दरिया को पार कर शहर में आ घुसा। इन विप्लवकारियों में कुछ सशस्त्र सवार और कुछ हिंदुस्तानी पल्टन नंबर 20 तथा 11 के पैदल सैनिक शरीक थे।

सबसे पहले इन विप्लवकारियों ने घाट के ठेकेदार को लूट लिया। इसके बाद पुल-द्वारा शहर में घुस पड़े और पुल ही पर एक फिरंगी को, जिसपर इनकी दृष्टि रास्ते में पड़ी थी, मार डाला। नदी पार करने के बाद मल्लाहों ने पुल को तोड़ दिया। सवार घोड़ों पर पार होकर दिल्ली-दरवाजे के रास्ते से अंगूरी बाग चले पड़े। यह बाग किले के नीचे था और यहाँ बड़े साहब; अर्थात्—रेजीडेंट रहते थे। ये सवार उनकी हत्या करने के अभिप्राय से वहाँ गये थे। इसी बीच में कोतवाल को इस बात का समाचार मिल गया, वह भागता हुआ सिमन फ्रेजर साहब के पास गया और उनको इस बात की सूचना दी। साहब बहादुर ने आज्ञा दी कि दफ्तर के कुल कागज़ात शहर में ले जाओ और स्वयं दो नली बंदूक भरकर विप्लवकारियों की ओर गाड़ी में बैठकर रवाना हुए; ताकि इस उपद्रव को किसी तरह दबा सकें; किंतु विप्लवकारी इन्हें देखते ही इनके खून के प्यासे हो गये। बेचारे फ्रेजर साहब ने यह रंग देखा, तो जान बचाने की चिंता करने लगे। वे गाड़ी से कूद कर समन बुर्जवाले रास्ते से किले के भीतर घुस गए और उसके दरवाज़े बंद कर लिए। इस बीच में साहब बहादुर ने दो एक विप्लवकारियों को अपनी गोलियों का निशाना भी बनाया। समन बुर्ज से फ्रेजर साहब सीधे किले के लाहौरी दरवाज़े पर गए और उसे दरवाज़े के दर्बान को आज्ञा दी कि यह दरवाज़ा भी बंद

कर दे। इसके बाद एक विप्लवकारी ने आकर सूबेदार से कहा कि वह दरवाज़ा खोल दे। सूबेदार ने पूछा कि तुम कौन हो? उसने उत्तर दिया कि मैं मेरठ के रिसाले का सवार हूँ। सूबेदार यह सुनकर थोड़ी देर चुप रहा, इसके बाद पूछा—और सिपाही कहाँ हैं? सिपाही ने उत्तर दिया कि वह सब अंगूरी बाग में हैं। सूबेदार ने यह सुनकर उससे कहा कि जाकर उन सब को बुला लाओ। वह सिपाही चला गया। जब वह जमा हो गए, तो सूबेदार ने दरवाज़ा खोल दिया और सारे सिपाही क़िले में दाख़िल हो गए। कप्तान डगलस क़िलेदार और फ्रेजर साहब ने सूबेदार से कहा कि ऐसी खुली हुई दग़बाज़ी की तुमसे आशा न थी। फिर कुछ समझाना चाहा और सूबेदार से कहा कि सिपाहियों से कहो कि बंदूकें भर लें; क्योंकि क़िले के दरवाज़े पर हमेशा एक गारद रहा करता था और वह इन विप्लवकारियों को रोकथाम के लिए काफ़ी था; पर सूबेदार पहले की गुमराह और इन आफ़त के पुतलों के साथ षड्यंत्र मेंशरीक हो चुका था। उसने इस आज्ञा को भी उपेक्षा की दृष्टि से ही नहीं देखा; बल्किटर्राने लगा और अश्लील गाली देकर वहाँ से चले जाने को कहा—दोनों अंगरेज़ों ने जब यह रंग देखा, तो बाध्य होकर किले के भीतरी हिस्से की ओर भागे। दोनों बेचारे भागते हुए आ रहे थे। कि रास्ते में विप्लवकारी-दल के सवार मिल गए। एक ने फ्रेजर साहब पर और दूसरे ने कप्तान डगलस पर पिस्तौल से फ़ायर कर दिया। दोनों ज़ख्मी होरक दीवार के सहारे खड़े हो गए। इसके बाद एक और विप्लवकारी आया और उसने तलवार-द्वारा दोनों के सिर धड़ से जुदा कर दिये। इस दुःखपूर्ण घटना का उल्लेख एक साहब ने भिन्न प्रकार से किया है। उनका कहना है कि जब फ्रेजर साहब गोली खाकर ज़ख़्मी हुए, तो उसी हालत में उन्होंने दो विप्लवकारियों को मार डाला और गाड़ी पर सवार होकर भागे। यद्यपि जख्म भारी लगा था और घाव से खून बह रहा था; पर गाड़ी चलाने की शक्ति उनमें तब भी थी, अथवा यों कहिए कि जीवन के भय के कारण पौरुष अपना काम करा रहा था। इस समय जब कि बेचारे ज़ख्मों से चूर और पीड़ा से बिकल भागे जा रहे थे, एक विप्लवकारी आया और उसने साहब के साईस को तलवार देकर कहा कि तू इसको मार डाल! चांडाल साइस ने तलवार लेकर साहब के ऐसा हाथ मारा कि साहब बहादुर का सिर धड़ से अलग हो गया। फिर कप्तान डगलस को भी मार डाला। इसके बाद विप्लवकारी दीवाने-आम की ओर गए, वहाँ दो नवयुवती मिसें थीं, उनको भी इन निष्ठुरों ने न छोड़ा और बंदूक का निशाना बना दिया। वहाँ से निकल कर सीधे दरियागंज कीओर मुँह किया और यहाँ आकर तमाम मकानों में आग लगा दी। ये मकान अधिकतर अंगरेजों के थे। इसी बीच में विप्लवकारियों की एक और रेजिमेंट शहर में घुस आई और उन्होंने आते ही शहर के बच्चों और गुंडों से कहा कि तुमलोग शहर को खूब लूटो। इस समान गनीमत में हाथ लगाना हमारे लिए हराम है। जो विप्लवकारी दरियागंज

को जला रहे थे, उन्होंने वहाँ पाँच अंगरेज़ों और दो मेमों को मार डाला। जो शेष ईसाई थे, उन्होंने भाग कर राजा किशनगढ़ की कोठी में जान बचाई। जब सारा दरियागंज जल कर भस्म हो गया, तो वहाँ से विप्लवकारी बैंक की कोठी पर गए। उसे भी आग लगाकर जला डाला और पाँच फिरंगियों को जान से मार डाला। फिर वहाँ से वे कोतवाली गए और बदमाशों से शहर लूटने को कह दिया। कोतवाल भयभीत होकर कोतवाली से भाग गया और गरीबों की रक्षा का उसने कोई प्रयत्न नहीं किया। कोतवाली से सिकत्तर साहब की कोठी पर पहुँचे; पर उसमें आग नहीं लगाई। लेकिन, वहाँ गिर्जा और गिर्जा के आस-पास जितने भी मकान थे, उन्होंने सबमें आग लगा दी और जलाकर भस्मावशेष कर दिया और जितने भी फिरंगी तथा मेमें मिलीं, उन्हें बाल-बच्चों सहित मार डाला। इसके बाद इन्हीं विप्लवकारियों में से पाँच सवार छावनी पहुँचे। उनके पहुँचते ही वहाँ जितने भी सिपाही थे, उन्होंने अपने अफ़सरों के बंगलों को जलाना आरम्भ कर दिया और जो भी फिरंगी दिखाई पड़ा, वह कठोरतापूर्वक मौत के घाट उतार दिया गया। बाक़ी सवार मैगज़ीन की ओर गए; पर जैसे ही क़रीब पहुँचे, वैसे ही वे सब सिपाही तथा शहर के लगभग एक हज़ार व्यक्ति मैगज़ीन के फटने से उड़ गए। परमात्मा जाने मैगज़ीन में आग किस तरह लग गई।

अब यहाँ छावनी में जितने सिपाही थे, वे दो हिस्सों में बँट गए थे। पल्टनें तो विप्लवकारियों के साथ मिलकर शहर को लूटने में जुट पड़ीं और दो रेजिमेंट लाल डिग्गी के समीप क़िले के सामने ठहरीं। इनमें से एक गारद राजा किशनगढ़ की कोठी पर गया; क्योंकि उसने अंगरेज़ों को शरण दी थी। उस कोठी में 32 स्त्री-पुरुष और कुछ बच्चे छिपे हुए थे। उस गारद ने वहाँ पहुँचते ही कोठी में आग लगा दी, जो एक रात और दिन बराबर जलती रही। दूसरे दिन वे विप्लवकारी मैगज़ीन में से दो तोपें उठा लाए और तमाम दिन उसपर गोलाबारी करते रहे; पर चूँकि छिपे हुए कुल अंगरेज़ तहख़ाने में चले गए थे; इस कारण सब-के7सब सुरक्षित रहे और बच गए—उन्हें किसी प्रकार की हानि न पहुंची। इसके बाद विप्लवकारियों ने शहर को लूटना शुरू कर दिया, यहाँ तक कि सिकत्तर साहब की कोठी को भी शहर के गुंडों ने खूब लूटा—यद्यपि मेरठ के विप्लवकारियों ने अब तक इस लूट में भाग नहीं लिया था।

13 तारीख को विप्लवकारियों ने फिर दोबारा उन अंगरेज़ों पर हमला किया, जो राजा किशनगढ़ की कोठी में छिपे हुए थे; लेकिन इस बार अंगरेज़ों ने भी कोठी के भीतर से गोलियाँ चलाई और कुछ विप्लवकारियों को मार डाला। मगर गरीबों के पास जब गोली और बारूद न रही, तो चार अंगरेज़ों को छोड़कर शेष सब बाहर निकल आए और लड़ते रहे। इसी बीच में शाही उत्तराधिकारी (वलीअहद) भी वहाँ पहुंच गए और उनसे कहा कि इन अंगरेज़ों को हमें दे दो, हम इन्हें हिरासत

में सुरक्षित रखेंगे; पर विप्लवकारियों ने इनकी एक न सुनी और सभी को तलवार के घाट उतार डाला।

मि. जॉर्ज (सिकत्तर साहब) अपनी जान बचाने के लिए बाल-बच्चों साहित क़िले में छिपे हुए थे। गुप्तचरों ने इस बात की सूचना दे दी। विप्लवकारी इन्हें क़िले से कोतवाली में पकड़ लाए और यहाँ उन्हें बहुत अमानुषिक ढ़ंग से ज़लील करके मार डाला गया और हस्पताल के हिंदुस्तानी और अंगरेज़ डॉक्टरों को हस्पताल तथा जेलख़ाने के भीतरमार डाला। इन बेचारों का शव बिना क्रिया-कर्म तथा कफ़न के तीन दिन तक इसी तरह पड़ा रहा। अंत में चौथे दिन स्वयं विप्लवकारियों ने उन्हें नदी में डलवा दिया!

बादशाह से वेतन की माँग

अब विप्लवकारियों ने बादशाह को इस आशय का एक प्रार्थना-पत्र दिया कि या तो दो मास का वेतन हमें दिलवा दिया जाए अथवा हमारे लिए प्रति दिन के हिसाब से खाने-पीने का समान दिलवाए जाने का प्रबंध कर दिया जाए। बादशाह ने शहर के सब महाजनों को बुलाकर आज्ञा दे दी कि यदि वे सिपाहियों की माँगें पूरी न करेंगे, तो सब अपनी जानों से हाथ धो बैठेंगे (बादशाह चूँकि मजबूर थे; इसलिए सम्भवतः आम शहर की बर्बादी और रक्तपात को बचाने के लिए ही उन्होंने ऐसा हुक्म दिया होगा।) महाजनों ने बादशाह की सेवा में निवेदन किया कि इन्हें बीस रोज़ तक केवल दाल और रोटी खिला सकते हैं, इससे अधिक कुछ करना हमारी शक्ति के परे है; परंतु विप्लवकारियों ने इसे स्वीकार न किया। उनका कहना था कि हम तो मरने-मारने पर कमर बाँधे बैठे हैं। चंद रोज़ जो जीवन के शेष हैं, उनमें भी केवल दाल और रोटी खाएँ, यह हमसे न होगा। अंत में बादशाह नेसारी बातें सुनकर उनके लिए चार आने रोज़ देना स्वीकार कर लिया।

इसके बाद विप्लवकारियों ने शहर की नाकाबंदी कर दी और प्रत्येक दरवाज़े पर दो-दो तोपें चढ़ा दीं और एक हजार मन बारूद छावनी को मैगज़ीन से उठा लाए और जितना भी गोला-बारूद मैगज़ीन में शेष था,सब पर अपना अधिकार जमा लिया। इस उपद्रव और झगड़े-फ़साद के कारण शहर में रसद आना बंद हो गया और सब चीज़ें महँगी हो गईं। आटा 3 सेर, गेहूँ 8 सेर और घी 1।। सेर का बिकने लगा। सारांश यह कि तमाम चीज़ें महँगी हो गईं। देहली के आस-पास के जितने देहाती थे, सब उठ खड़े हुए और उन्होंने लूट-मार शुरू कर दी। बादशाह ने झगड़ा-फ़साद से त्राण पाने के लिए (सम्भवतः आतंक जमाने के अभिप्राय से,

गूजरों के चार-पाँच गावों को जलवा दिया; पर यह आग बुझी नहीं। सिकत्तर साहब की यह कोठी बिलासपुर में थी, वह भी लूट ली गई।

विप्लवकारियों ने जब देहली को अच्छी तरह लूट लिया, तो दो सौ सवार गुड़गाँव की ओर गए, और वहाँ भी झगड़ा, फसाद, लूट-खसोट तथा अग्निकांड का बाज़ार गर्म कर दिया और सरकारी ख़ज़ाने को, जिसमें सात लाख चौरासी हज़ार रुपए थे, लूट कर देहली वापस आ गए। इस समय विप्लवकारियों के पास देहली तथा गुड़गाँव के ख़जानों के 21 लाख 84 हज़ार रुपए नक़द मौजूद थे, जो सिपाहियों के ख़र्च के अभिप्राय से शाही क़िले में रखे गए।

इस समय देहली में तीन रेजिमेंटें मौजूद थीं, एक तो मेरठ की और दो ख़ास देहली के सशस्त्र सवारों की। शेष उपद्रवी सिपाहियों की फ़ौज़ अलीगढ़ और आगरे की ओर रवाना हो गई। शहर में सबसे बड़ा और प्रसिद्ध व्यापारी लक्ष्मणचंद था; पर केवल उसी की कोठी लूट-मार से बची हुई थी, जिसका कारण यह था कि यह विप्लवकारियों को नित्य ही भोज दिया करता था।

आप बीती

पहली कहानी

हिंदुस्तानी पैदलों की 30 नंबर के रेजिमेंट का एक अफ़सर अपनी मुसीबतों का हाल इस तरह बयान करता है—

11 तारीख़ को क़रीब 10।। बजे सुबह मेरा नौकर भागता हुआ मेरे कमरे में आया और नेहायत घबराहट से कहने लगा कि शहर में बहुत खलबली मच रही है और लोग कह रहे हैं कि मेरठ के तमाम भारतीय सिपाही देहली पर अधिकार करने के लिए बढ़े चले आ रहे हैं। इस फ़साद की जो सबसे पहली ख़बर मैंने सुनी, वहयही थी। चूँकि मेरा बंगला छावनी ही में था; इसलिए मैं यह समाचार सुनते ही 38 नंबर की हिंदुस्तानी रेजिमेंट के एडजूटेंट इनसाईन कमियर साहब के बंगले की तरफ़ पैदल चल दिया। वहाँ जाकर मैंने देखा कि कमांडिंग अफ़सर और कर्नल न्यूट साहब—दोनों मौजूद हैं और उन्होंने भी मेरे समाचार का समर्थन किया और कहा कि हिंदुस्तानी पैदलों की एक रेजिमेंट नंबर 38 व 74 रेजिमेंट की दो कंपनियाँ पहाड़ी पर, जो शहर और छावनी के बीच में है, पड़ाव डालेंगी। इन रेजिमेंटों के शेष सिपाही किसी दूसरे स्थान पर न भेजे जाएँगे; पर अपनी छावनी में उन्हें हर समय हथियारों से लैस और तैयार रहना चाहिए। जब मैं कमांडिंग अफ़सर के बंगले से वापस हुआ, तो रास्ते में मुझे निकोल साहब मिले; पर इनसे केवल इतना ही पता चला कि मेरठ के विप्लवकारी सवारों में से करीब डेढ़ सौ सवारों ने किश्तियों के पुल पर अधिकार कर लिया है और मेरठ से आते हुए जो अंगरेज उन्हें मिलते हैं, उसे मार डालते हैं।

जब मैं अपने बंगले पर पहुँच गया, तो थोड़ी देर के बाद वे दोनों तोपें मेरे बंगले के बराबर से शहर की तरफ़ जाती हुई नज़ आईं, तो मुझे इतमीनान हुआ कि उपद्रवकारियों की शरारतों और फ़िसाद को रोकने के लिए रेजिमेंट नंबर 54 और ये दोनों तोपें काफ़ी होंगी और इसके बाद जो घनाएँ घटित हुईं, उनकी तो स्वप्न में भी मुझे आशा न थी। फिर भी सावधानी के लिए मैंने अपना पचनला तमंचा भर लिया और गाड़ी के घोड़े तैयार रखने की आज्ञा दी।

दोपहर के 12 बजे के लगभग मेरे नौकरों ने मुझे समाचार दिया कि दरियागंज की छावनी जल रही है और मेरी रेजिमेंट के साह एजीटन और कमांडिंग अफ़सर छावनी की ओर गए हैं। यह समाचार सुनकर मैं भी सवार होकर गया और देखा कि सिपाहियों को युद्ध सामग्री बाँटी जा रही है। वहँ से मैं अपनी कंपनीमें गया और सिपाहियों से बात-चीत करने लगा। परोक्ष रूप से वे सब नेकचलन मालूम होते थे और इस फ़िसाद से सबने अनभिज्ञता प्रकट की; बल्कि बहुत से सिपाही कमरबंदी से असंतुष्ट प्रतीत होते और कहते थे कि हम अभी इस शहर की तैनाती से वापस आए हैं, अभी अच्छी तरह रोटी पानी भी नहीं कर पाए, कि फिर उन्हें तैयार होने की आज्ञा दी जाती है। इसके उत्तर में मैंने उनसे कहा कि संभवतः थोड़ी देर में यह झगड़ा शांत हो जाएगा, फिर आराम करना; क्योंकि एक रेजिमेंट और दो तोपें उपद्रवकारियों को ठंढ़ा करने के लिए भेजी जा चुकी हैं। मैंने उनसे यह भी कहा, कि मुझे विश्वास है कि यदि आवश्यकता पड़ी, तो तुम सब लड़ोगे और नमक का हक़ अदा करोगे, जिसके जवाब में सिपाहियों ने कहा कि हमने सरकार कंपनी का नमक खाया है और हर तरह से लड़ने मरने को तैयार हैं। इनमें से एक हवलदार अधिक हो-हल्ला मचा रहा था; पर बड़ी सावधानी से। यह नहीं कहता था कि हम उपद्रवकारियों से न लड़ेंगे; बल्कि यह कहता था कि यदि कोई राजा बाबू अनीम (शत्रु) आएगा, तो उससे लड़ेंगे।

थोड़ी देरीके पश्चात् दोनों कंपनियाँ, जिनकी चर्चा ऊपर हो चुकी है, पहाड़ी की ओर रवाना हुई कि वहाँ पहुँच कर डेरा डालें। बिदा होते समय दोनों कंपनियों के सिपाहियों ने बहुत हो-हल्ला मचाया, जिससे प्रकट होता था कि इन्हें बहुत हर्ष हुआ है। इनके किसी रंग-ढ़ंग से यह संदेह न होता था कि वह भी क्रांतिकारी विचार रखते हैं। मैं सैनिकों के साथ बात-चीत कर ही रहा था, जबकि यह समाचार मिला कि 54 नंबरकी रेजिमेंट ने शहर में प्रवेश करते ही लड़ने से इंकार कर दिया और अपने अफ़सरों को तीसरे रिसाले के सवारों से कटवा दिया और विप्लवकारियों का ज़रा भी मुक़ाबला न किया। जब यहाँ तक नौबत पहुँच गई और परिस्थिति इतनी भयावह हो गई, तो सिपाहियों को तैयार होने की आज्ञा दे दी गई, कारतूस बाँटे गए, बाजे वालों को भी बंदूकें और लड़ाई का अन्य समान दिया गया। सबों ने आज्ञा का पालन किया और बंदूकें भरकर लड़ाई के लिए तैयार हुए। यहाँ यह हो ही रहा था कि 54 नंबर की रेज़िमेंट के कर्नल रेली डोली में आए। ज़ख्मों से उनका शरीर लहू-लुहान हो रहा था। मैंने स्वयं अपने कानों से उन्हें यह कहते हुए सुना कि मुझे स्वयं मेरे ही सिपाहियों ने संगीनें मारी हैं। इसके बाद फ़ौजी डॉक्टर साहब की ज़बानी जो समाचार मिला, वह और भी भीषण और रोमांचकारी था। उन्होंने सिपाहियों की उद्दंडता और उनके द्वारा अपने अफ़सरों की निर्मम हत्याओं का विस्तृत समाचार बतलाया, जिससे प्रतीत हुआ कि 54 नंबर की रेजिमेंट

उपद्रवकारियों के दल में मिल गई। जब परिस्थिति इतनी जटिल हो गई, तो अफ़सरों के परस्पर परामर्श द्वारा यह निश्चय किया गया कि जितनी भी तोपें और फ़ौज शेष है, वह सब पहाड़ी पर जाकर डेरा डालें। केवल 74 नंबर की रेजिमेंट काश्मीरी दरवाज़ा भेजी गई; ताकि वहाँ पर जो गारद है, यह उसकी सहायता करे। शेष कुल फ़ौज ने पहाड़ी पर जाकर डेरा डाल दिया। दोनों तोपें इस तरह लगाई गई, कि इनकी मार उस रास्ते पर पड़े, जो शहर को जाता था। 38 नंबर रेजिमेंट के जो-जो मँजे हुए सिपाही थे, वह इस बुर्ज के सीधे हाथ की ओर इएकत्र कर दिये गए। जितनी फिरंगी स्त्रियाँ और उनके बच्चे वहाँ थे, सब आकर बुर्ज के भीतर जमा हो गए। और थोड़े समय के बाद शहर के बहुत से नागरिक भी वहाँ आ गए। अब चारों ओर से उन अँगरेज़ों की हत्याओं के समाचार आने लगे, जो शहर में रहते थे। यह भी पता चला कि जितनी फ़ौज मैगज़ीन तथा अन्य स्थानों में नियुक्त थी, उन सबने भी सरकार के काम से इंकार कर दिया; अर्थात्—लड़ने से मुँह मोड़ लिया।

जब फ़ौज के इस विश्वासघात और खुले विद्रोह का विश्वास हो गया और चारों ओर भीषण रक्तपात और झगड़ों का बाज़ार गर्म होने लगा, तो ब्रिगेडियर साहब ने साँडनी सवार द्वारा मेरठ में अधिकारियों के पास पत्र भेजा और क़रीब दस बजे तार द्वारा यह समाचार अम्बाला भेजने की उन्होंने आज्ञा दी। इसके बाद इन् साहब ने समस्त सैनिकों को एकत्र करके उनसे पूछा कि आखिर तुम्हें क्या शिकायत है और तुम क्या चाहते हो? तो कुछ सिपाहियों ने कारतूस पर आपत्ति की। इस पर इन साहब ने उन्हें समझाया और इस बात का विश्वास दिलाया कि सरकार का यह कदापि अभिप्राय नहीं है कि वह तुम्हारे धर्म से तुम्हें च्यूत करे और फ़ौज को ऐसे कारतूस कदापि न दिये जाएँगे, जिनसे किसी के धर्म पर आघात हो। बातों का सिलसिला जारी था और साहब बराबर फ़ौज को समझा रहे थे; पर सैनिकों की आँखें बदली हुई थीं और वह अपना रोष प्रकट कर रही थीं। इनकी ओर से विश्वास नहीं होता था।

पहाड़ी के चारों ओर फ़ौज जमा थी। मैं भी उनके समीप गया और बैठकर उनसे बातें करने लगा। सिपाहियों ने जब यह समाचार सुना कि 54 नंबर की रेजिमेंट ने अपने तमाम अफ़सरों को अपने ही हाथों से मार डाला, तो उन्होंने इसपर बहुत खेद प्रकट किया और कहा कि उन्हें यह बात बहुत अनुचित प्रतीत हुई है। तब मैंने उनसे पूछा कि तुम हमारा साथ दोगे या मुझे और मेरे बाल-बच्चों को; बल्कि समस्त अंगरेज़ों को मारे जाते हुए देखोगे? इसके उत्तर में प्रायः समस्त सिपाहियों ने एक स्वर में कहा कि जहाँ आपका पसीना गिरेगा, वहाँ हम अपना रक्तबहाने को तैयार हैं और तबतक मैं वहाँ बैठा रहा, वे बहुत अधिक सम्मान-पूर्वक मुझसे व्यवहार करते रहे।

पहाड़ी चूँकि ऊँचे स्थान पर अवस्थित थी; इसलिए हम शहर को अच्छी तरह देख सकते थे। अब शहर में कई जगह आग की लपट दिखाई दे रही थी। पर परोक्ष रूप से ये सारे स्थान अंगरेज़ों के मालूम होते थे। इसी बीच में मैगज़ीन उड़ी, जिसको देखकर समस्त सिपाही अपने-अपने शस्त्र लेकर तथा हो-हल्ला और अश्लील ढ़ंग से इशारा करते हुए दौड़ पड़े। इस समय बड़ी कठिनाई से इन्हें रोका। मैं उस समय अफ़सरों के साथ फ़ौज के बीच में था। उस समय तक मैंने कोई संदेह-युक्त वाक्य इनकी ज़बान से नहीं सुना था; केवल एक सैनिक ने इतना कहा कि 'अब तुम्हारा नमक पानी नहीं खाया जाता'। मैगज़ीन उड़ने से पहले एक गाड़ी शहर से आई, जिसमें कप्तान स्मिथ, कप्तान ब्रू, लेफ़्टिनेंट एडवर्ड तथा लेफ़्टिनेंट वाबरफ़ील्ड की लाशें थीं। ये सब 54 नंबर की रेजिमेंट के अफ़सर थे। इन लाशों पर मेमों के कपड़े पड़े हुए थे; जो इनकी करुणा पूर्ण विवशता के परिचायक थे।

ब्रिगेडियर साहब ने वे दोनों तोपें, जो शहर में रवाना की गई थीं, वापस मँगाई, पर वापसी के समय इन सिपाहियों ने, जो तोपों के साथ थे, शरारतें शुरू कीं और पहाड़ी पर न आकर–जहाँ दूसरी फ़ौजें पड़ी हुई थीं–उन्होंने सीधे छावनी का रास्ता लिया। छावनी के रास्ते में कप्तान टेलर वाले जत्थे के थोड़े से सिपाही मिले, जिन्होंने इन्न कप्तान साहब को छोड़ दिया था। उन्होंने फ़ौरन तोपों पर अधिकार कर लिया और कप्तान आरमैन कमानियर और सार्जेन्ट को, जो तोपों के साथ थे, लड़-भिड़ कर भगा दिया। ये दोनों सज्जन कठिनता-पूर्वक गोबलयों की वर्षा से जान बचाकर पहाड़ी के बुर्ज में आए। मेरी समझ से उन कुल अंगरेज़ों में से, जो फ़ौज के साथ शहर में गए थे, यही दो सज्जन थे, जो यहाँ जीवित पहुँच पाए थे।

उपद्रवकारी सिपाही तोपें छीनकर शहर की ओर जा रहे थे। चूँकि पहाड़ी पर से सारा दृश्य दिखाई पड़ता था; इसलिए कप्तान डीटिस्टर ने जो तोपों को शहर की ओर जाते देखा, तो वे घोड़े पर सवार होकर इस अभिप्राय से गए, कि उन्हें पहाड़ी पर वापस ले आएँ; पर उपद्रवकारी सिपाहियों ने जो उन्हें आते हुए देखा, तो गोलियों की वर्षा कर दी। कप्तान साहब का घोड़ा ज़ख़्मी हुआ; पर परमात्मा की कृपा से साहब बच गए।

उपद्रवकारियों का जत्था जब शहर के समीप पहुँचा, तो एकाएक उनकी दृष्टि डिप्टी कलक्टर करम्भरा साहब पर पड़ गई और उनपर भी गोलियों की वर्षा शुरू कर दी गई; पर उन्होंने भाग कर अपनी जान बचाई।

धीरे-धीरे दिन भर में युद्ध की बहुत-सी सामग्री बुर्ज पर जमा हो गई थी और हमें इस बात का पूर्ण विश्वास था कि यदि तोपखाना बिगड़ न गया और बराबर काम देता रहा, तो जब तक मेरठ से सहायता न पहुँचे, हम उन समस्त अंगरेज़, सार्जेन्ट और अन्य ईसाइयों की भरपूर रक्षा कर सकते हैं, जो बुर्ज में थे,

पर यह पता नहीं था कि हमारा दुर्भाग्य मेरठ में क्या गुल खिला रहा है!

देहली से बिदाई

जब चारों ओर से निराशा हुई और कोई अवलम्ब शेष न रह गया, तो समस्त फ़ौजी अधिकारियों के परामर्श द्वारा यह निश्चय किया गया कि हमें मेरठ चलना चाहिए; अतएव कुल मेमें, साहब तथा वे लोग, जो लड़ने के योग्य न थे, सब को गाड़ियों में सवार कराकर वज़ीराबाद के घाट से, जो छावनी के समीप था, यमुना पार कराके उन्हें रवाना कर दिया गया। गाड़ियों तथा दोनों तोपों के लेकर कप्तान डीटिस्टर साहब आगे बढ़े और पैदल फ़ौज उनके पीछे चली। जो भी हिंदुस्तानी सिपाही साथ थे, वे सब-के-सब मानों बेगार की तरह धीरे-धीरे चल रहे थे।

जब पहाड़ी से आए तो, हमने देखा कि गाड़ियाँ और तोपें करनाल के रास्ते पर जा रही हैं और वज़ीराबाद के रास्ते को छोड़ दिया है। चूँकि मेरा घोड़ा मेरे साथ न था; इसलिए मैं सिपाहियों के साथ पैदल चल रहा था, मेरे अतिरिक्त बहुत से अफ़सर भी मेरे साथ पैदल थे। जब हम अपनी लाइन के समीप पहुँचे, तो कुल सिपाही स्वेच्छापूर्वक लाइन में चले गए। चूँकि मेरा बंगला भी समीप था; इसलिए मैं भी वहाँ गया और घोड़े को तैयार पाकर उसपर सवार हो लाइन में आया और सिपाहियों ने कोई जवाब न दिया। देखने से ऐसा प्रतीत होता था, मानो मेरी बातें उन्हें ज़हर की तरह लग रही थीं। इस समय कुल सिपाही छोटी-छोटी टुकड़ियों में अलग-अलग बैठे थे। केवल एक सिपाही बदचलन मालूम होता था, जिसने मुझे बहुत कटु और बेहूदा जवाब दिया।

इसके बाद मैं करनाल की ओर चला, ताकि गाड़ियों से जा मिलूँ; अतएव थोड़ी दूर जाकर वे दोनों तोपें, जो गाड़ी के साथ थीं, मुझे देहली की ओर वापस होती हुई मिलीं। वापस इसलिए आ रही थीं कि गोलन्दाज़ों ने करनाल जाने से इंकार कर दिया था।

मुझे रास्ते में बहुत से घायल अफ़सर मिले, जो भयभीत होकर करनाल की ओर भागे जा रहे थे। मैंने उन्हें टूटे-फूटे शब्दों में केवल यह कहते हुए सुना कि "अब कुछ बाकी नहीं रहा और किसी तरह कोई सुरक्षित स्थान ढूँढ़ना चाहिए।"

दूसरी कहानी

जब देहली के भीतर उपद्रवकारियों के घुस आने तथा अंगरेज़ों की हत्याएँ करने,

इमारतें जलाने और ढ़ाहने आदि के समाचार छावनी में पहुँचे, तो फ़ौजी अफ़सरों ने कुल फ़ौज को तैयार होने की आज्ञा दी। सबसे पहले 54 नंबर की रेजिमेंट हिंदुस्तानी पैदलों की तैयारी हुई; क्योंकि यही शहर के अफ़सरों के समीप थी। इस रेजिमेंट में से कर्नल रेली के अधीन छ कंपनियाँ उपद्रवकारियों को रोकने के लिए काश्मीरी दरवाज़ा गईं और दो कंपनियाँ मेजर टिपरेंस के अधीन तोपों के साथ जाने के लिए खड़ी रहीं। कर्नल रेली चूँकि उपद्रवके वास्तविक कारणों से अनभिज्ञ थे और इसे केवल बाजारी झगड़ा-मात्र समझते थे; इसलिए वे अपने सिपाहियों को खत्रली बन्दूकों के साथ ले गए थे। उनका अनुमान था कि संगीनों-द्वारा वे इस बाज़ारू उपद्रव को शांत कर सकेंगे; पर यह फ़ौज जब शहर के समीप पहुँची, तो एकाएक कुछ उपद्रवकारी सवार उन्हें दिखाई पड़े। उन्होंने आते ही अफ़सरों पर आक्रमण कर दिया और सिपाहियों से बोले कि हमें तुमसे न तो कुछ कहना है और न हम तुम्हें हानि ही पहुँचाना चाहते हैं। चूँकि बेचारे अफ़सरों को इस उपद्रव की भीषणता का ज्ञान न था और वह इसे इतना जटिल न समझते थे; इसलिए वे सब फ़ौज के आगे थे। अतएव, उपद्रवकारियों ने सर्वप्रथम अफ़सरों पर ही आक्रमण किया और गोलियाँ बरसानी शुरू कर दीं। कर्नल रेली को पहले तो गोली लगी, फिर उपद्रवकारियों ने उन्हें तलवारों द्वारा चूर-चूर कर दिया। कर्नल साहब के अतिरिक्त दो-तीन अन्य अफ़सर भी गोलियों से घायल हुए। अफ़सरों ने सिपाहियों से जीवन-रक्षा के लिए बहुत अनुनय-विनय की; पर सब व्यर्थ सिद्ध हुई। फ़ौज ने एक न सुनी, न बंदूकें भरीं और न उपद्रवकारियों का सामना करने का प्रयत्न कियां। इसके विपरीत कुछ विश्वासघाती तथा दगाबाज़ सिपाहियों ने उल्टा कर्नल रेली को संगीनों से आहत किया।

इस कोलाहल में कप्तान डम्बलिस, जो एक सप्ताह के लिए शहर में नियुक्त किए गए थे, पहुँच गए। उन्होंने अपने गारद को फत्रयर करने की आज्ञा दी; पर दुर्भाग्यवश इन बदज़ातों ने भी साफ़ इंकार कर दिया। यद्यपि साहब बहादुर ने बहुत कुछ समझाया, अनुनय-विनय की, उन्हें उपदेश किए; पर इन सारी बातों का उनपर कोई प्रभाव न पड़ा। वे अश्लील इशारे करने और व्यंग-वर्षा करने लगे। जब साहब बहादुर ने बहुत नम्रतापूर्वक इन सब बातों का कारण पूछा, तो उत्पाती ढ़ंग से वे कहने लगे कि साहब, हम इन लोगों के लिए कुछ नहीं कर सकते, जिन्होंने हमारे धर्म पर आघात करने का विचार किया था और चाहते थे कि हिन्दू और मुसलमान दोनों धर्मच्यूत हो जाएँ। सारांश यह कि इसी प्रकार के ऊटपटाँग अभियोग सरकार पर लगाते रहे और अंत में कहने लगे कि अब हम इसका बदला लेंगे। इस बीच में पाँचों अफ़सर, जिनकी चर्चा ऊपर आ चुकी है, मारे गए, कई ज़ख्मी हुए, एक सिपाही भी ज़ख्मी हुआ।

जब उपद्रवकारियों और बागी सिपाहियों ने देखा कि सरकारी फ़ौज ने इनका

मुकाबला नहीं किया और अपने अफ़सरों की आज्ञा की उपेक्षा करके लड़ने से इंकार कर दिया, तो वे काश्मीरी दरवाज़े की ओर चले—जहाँ एक छोटा-सा मोर्चा बना हुआ था, जिसमें गारद रहा करता था—कि वहाँ पहुँचकर उसे भी अपने अधिकार में कर लें, किन्तु सौभाग्य से लेफ़्टिनेंट विल्सन के अधीन नंबर 44 रेजिमेंट की दो कंपनियाँ और एक तोप खाना वहाँ पहुँच गया जिसके कारण बदमाश उपद्रवकारी फिर शहर की ओर लौट आए।

इस दग़ाबाज़ी और विश्वासघात की ख़बर करीब 11 बजे छावनी में पहुँची, जिसके सुनते ही नंबर 74 रेजिमेंट के हिंदुस्तानी सिपाहियों को वहाँ एकत्र किया गया, तो उसमें केवल डेढ़ सौ आदमी उपस्थित थे, शेष व्यक्तियों की नियुक्ति पहले ही विभिन्न स्थानों पर हो चुकी थी। इन 150 सैनिकों को दो तोपों सहित सहायता के अभिप्राय से मेजर ऐबट के अधीन शहरकी ओर रवाना किया गया।

इन सिपाहियों की नमकहरामी और विश्वासघात का एक और नमूना देखिए, जो कितना लज्जापूर्ण है। जब सिपाहियों के विश्वासघात का पता चला, तो 39 नंबर की रेजिमेंट का शेष हिस्सा और 54 नंबर की रेजिमेंट के सिपाही परेड पर बुलाए गए। ब्रिगेडियर साहब ने प्रत्येक कमांडिंग अफ़सर से कहा कि वे अपने-अपने सिपाहियों का वास्तविक अभिप्राय और उनके विचारों का इस प्रकार पता लगाएँ कि उन्हें बुलाकर स्वेच्छा से स्वयंसेवक बनने के लिए कहा जाए। यदि वे स्वयं प्रार्थना-पत्र देकर फ़ौज में भर्ती हों, तो समझना चाहिए कि वेसरकारी सेवाओं को बजा लाने के लिए तैयार हैं और यदि ऐसा न करें, तो समझ लेना चाहिए, कि वह वफ़ादार नहीं हैं; अतएव ऐसा ही किया गया और आज्ञानुसार समस्त सिपाही पहरे पर एकत्र हो गए; पर 38 नंबर की रेजिमेंट का एक सिपाही भी अपनी जगह से तिल भर न सरका। निस्संदेह 74 नंबर की रेजिमेंट के सिपाहियों ने आज्ञा-पालन की और अपनी-अपनी बंदूक़ें भर लीं और उपद्रव शांत करने के अभिप्रायः से शहर की ओर चल पड़े। थोड़ी देर में वे काश्मीरी दरवाज़े पहुँच गये; पर चूँकि समय बीत चुका था; अतएव उनका वहाँ जाना सर्वथा व्यर्थ सिद्ध हुआ; क्योंकि उपद्रवकारी वहाँ से चले गये थे। इससे इसके अतिरिक्त कि वे वहाँ जाकर ठहर गये और कोई लाभ न हुआ।

अब उपद्रवकारियों का कहीं पता तक न था और न किसी ने बतलाया ही कि वे कहाँ चले गए। 74 नंबर वाली रेजिमेंट के बहुत से सिपाही भी ग़ायब थे। मेजर पीटर्स के अधीन केवल दो कंपनियाँ वहाँ उपस्थित थीं। थोड़ी देर के पश्चात् अफ़सरों की लाशें गाड़ी पर लाई गईं, जिनके ऊपर उनकी औरतों के गाऊन आदि पड़े हुए उनकी असह्य परवशता की सूचना दे रहे थे। जब 74 नंबर की रेजिमेंट शहर चली गई, तो कप्तान डी टिस्टर दो तोपों सहित पीछे रह गए और उन्होंने इस बात का प्रयत्न किया कि शीघ्र ही आगे बढत्कर उस विशाल स्थान पर अधिकार

कर लें, जिसके एक ओर पक्की सड़क थी, जो छावनी की ओर जाती थी और दूसरी ओर का रास्ता पहाड़ी को जाता था; अतएव कठिनता से साहब बहादुर ने 38 नंबर की रेजिमेंट को रास्ते पर अधिकार करते और उसे घेर लेने के अभिप्राय से भेजा। इनका आशय यह था कि कप्तान डी टिस्टर की तोपों पर अधिकार कर ले। कप्तान साहब भरसक चाहते थे कि इन तोपों के समीप सिपाही एकत्र न हों, पर फिर भी दिन-भर चार-पाँच सिपाही गोलंदाज़ों के चारों ओर चक्कर काटते रहे।

क़रीब 12 बजे दिन के पहाड़ी पर का बुर्ज अंगरेज़ों, मेमों तथा अन्य ईसाइयों से भर गया और इतना हो-हल्ला हो रहा था कि किसी प्रकार का प्रबंध आदि करना संभव न था। कोई व्यक्ति किसी की सलाह या आज्ञा न मानता था। इसी समय एक सार्जेन्ट ने खबर दी कि उसने सुना है कि 38 नंबर रेजिमेंट के सिपाही कहते हैं कि यदि तोप की एक आवाज़ भी की गई, तो 38 नंबर वाली रेजिमेंट के समस्त सैनिक फिर जाएँगे और अंगरेज़ों का बध कर डालेंगे।

संध्या हो रही थी, समय बीतता जा रहा था और शहर में चारों ओर आग-ही-आग दिखाई देती थी। क़रीब शाम के शहर में एक बड़े ज़ोर की आवाज़ हुई। यह आवाज़ मैगज़ीन के उड़ने की थी। सिपाहियों ने यह धमाका सुना, तो बिगड़ कर बोले कि "जरनल यह क्या बात है, क्या हमारे सिपाहियों और आदमियों को इस तरह मारा जाता है?"

कप्तान डी टिस्टर ने फिर काश्मीरीं दरवाज़े की तोपों को वापस लाने का हुक्म दिया। थोड़ी देर के बाद फिर हुक्म हुआ कि मेजर ऐबट 74 नंबर की रेजिमेंट को वापस लाएँ; अतएव थोड़ी ही देर में दोनों तोपें बड़े रास्ते पर दिखाई दीं, मानों छावनी की ओर जा रही हों। कप्तान डी टिस्टर ने यह देखकर बिगुल बजाया कि वे आकर पहाड़ी पर उनके साथ शामिल हों; पर वे न फिरे। जब वे न फिरे, तो कप्तान साहब समझे कि संभवतः उन्होंने बिगुल की आवाज नहीं सुनी। इस बीच में तोपें 39 नंबर की रेजिमेंट के एक जत्थे के समीप जा पहुँचीं और उनके पहुँचते ही बंदूकें छूटने की आवाज़ें आने लगीं और तोपें शहर की ओर मुड़ती हुई दिखाई दीं। कप्तान साहब यह देखते ही तुरंत घोड़े पर सवार होकर तोपों की तरफ गए; ताकि उनको वापस ले आएँ। जब वह करीब पहुँचे, तो उन्होंने आज्ञा दी कि दाहिनी ओर होकर तुरंत हमारे पास आ जाओ; पर जैसे ही साहब बहादुर समीपपहुँचे, वैसे ही सिपाहियों ने बंदूकें उनकी ओर कीं और लगातार छः गोलियाँ दाग दीं, जिनमेंतीन तो खाली गईं और तीन गोलियाँ घोड़े को लगीं। परंतु, घोड़े में इतनी शक्ति बच गई थी कि उसने साहब बहादुर को बुर्ज तक पहुँचा दिया। बुर्ज पर पहुँच कर घोड़ा ज़मीन पर गिर कर मर गया और दोनों तोपें और सिपाही शहर की ओर चले गये।

इसके बाद जब लेफ़्टिनेंट डलोबी भी आ गए, तो मेजर ऐबट ने 74 नंबर की एक रेजिमेंट को, इसलिए रवाना किया कि वह जाकर यह खबर लाए कि मैगज़ीन के उड़ने से जो रास्ता हो गया है, उसमें से वे प्रवेश करते हैं या नहीं? पर वहाँ उपद्रवकारियों की अच्छी तरह मरम्मत हो चुकी थी। वे इतने भयभीत हो गए थे कि वे सब-के-सब एक दम शहर की ओर भाग गए।

इस समय तीन बजे होंगे और काश्मीरी दरवाज़े में उपद्रवकारियों का कोई पता शेष न था। इस बीच में छावनी से हुक्म आया कि दोनों तोपें छावनी को वापस भेज दी जाएँ; अतएव लेफ्टिनेंट एस्प्लेसी के साथ तुरंत तोपें रवाना कर दी गईं। मेजर ऐबट ने अब यह निश्चय किया कि जो मेंमें गारद ठहरने की जगह छिपी पड़ी हैं, उन्हें छावनी को वापस भेज देना चाहिए; अतएव उन्होंने आज्ञा दी कि गाड़ी तैयार की जाए। थोड़ी देर के पश्चात् वही दोनों तोपें, जो छावनी भेजी गई थीं, काश्मीरी दरवाज़े पर वापस आ गईं; पर लेफ़्टिनेंट तथा गोलन्दाज़ साथ न थे। दराबियों ने आकर बयान किया कि गोलंदाज़ छोड़कर भाग गए और बिना उनके हम छावनी न जाएँगे। अंत में तीन-तीन चार-चार सिपाही मिलकर दरवाज़े के भीतर आए।

करीब साढ़े तीन बजे ब्रिगेडियर साहब का हुक्म मेजर ऐबट के नाम इस आशय का आया कि नंबर 74 रेजिमेंट के जितने भी सिपाही उनके पास हैं, उनको लेकर तुरंत छावनी पहुँय जाएँ। जब यह हुक्म आया, तो मेजर टैरेंस और डिप्टी कलक्टर ने कहा कि इस समय इस रेजिमेंट को यहाँ से जाना उचित नहीं है; क्योंकि इनके स्थान पर जब तक दूसरे सिपाही नियुक्त न हो जाएँ, इस स्थान को छोड़ना ठीक नहीं; पर डिप्टी कलक्टर को दूसरा ही भय था। वह 74 नंबर की रेजिमेंट का हाल देख चुके थे और उन्हें इनके रंग-ढ़ंग से संदेह उत्पन्न हो गया था; परंतु मेजर ऐबट ने कहा कि चूँकि यह हुक्म मेरे नाम आया है; अतएव इसका पालन करना मैं अपना कर्त्तव्य समझता हूँ। पर, डिप्टी साहब ने कहा कि आप ज़रा सब्र करें, मैं स्वयं छावनी जाकर ब्रिगेडियर से यहाँ की आवश्यकता के संबंध में निवेदन करता हूँ। यदि वे मान गए, तो ठीक ही है, अन्यथा उनकी आज्ञा पालन किया जाएगा। इतना कहकर वे सवार हो गए। तोपें पहले ही वापस आ चुकी थीं। डिप्टी कलक्टर ने उनसे कहा कि अब तुम हमारे साथ चलो और चूँकि बहुत-सी मेंमें भी मौजूद थीं और वह गाड़ी भी अब तक न आई थी, जिसके लिए हुक्म दिया गया था; इसलिए तोपखाने की एक पेटी खाली कराकर उसमें सबको सवार करा दिया गया और वे छावनी की ओर रवाना कर दी गईं।

अब डिप्टी साहब को गए हुए देर हो गई थी; इसलिए मेजर ऐबट ने अब और अधिक प्रतीक्षा करना उचित न समझा। उनकी इस धारणा का समर्थन एक हवलदार ने भी किया और उन्हें बतलाया कि उसने छावनी की ओर बंदूकों की

आवाज़ सुनी है; अतएव अब यहाँ अधिक विलंब करना कदापि उचित नहीं है; अतएव मेजर साहब ने फौज की तैयारी की हुक्म दिया और चल दिए। लगभग दरवाज़े से 100 कदम बाहर हुए होंगे कि 39 नंबर की रेजिमेंट के सिपाही दरवाज़े के भीतर घुस गए और दरवाज़ा बंद कर लिया। वहीं बदमाश सिपाहियों ने उन अफ़सरों पर, जो अबतक बाहर न निकल सके थे, गोलियाँ बरसानी शुरू कर दीं। इस दगा तथा विश्वासघात के फलस्वरूप 74 नंबर वाली रेजिमेंट के कप्तान कारविन सबसे पहले मारे गए। एक सिपाही ने पीछे से गोली मारी और वे तुरंत ही मर गए। उनके बाद लेफ़्टिनेंट रूबली इस रेजिमेंट-द्वारा सख्त घायल हुए; पर उन्होंने मरते-मरते अपनी दो नली बंदूके उपद्रवकारियों पर चला दी, जिससे दो-एक उपद्रवी मारे गए। 74 नंबर रेजिमेंट के इनसाईन रोलें ने जब यह हाल देखा, तो वहाँ से भागे और दीवार फाँद कर ख़ंदक में कूद पड़े और दूसरी पटरी पर चढत्कर जंगल के रास्ते से छावनी को रवाना हो गए। साहब बहादुर को रास्ते में मेजर पिटसन मिले, जो 74 नंबर वाली रेजिमेंट के साथ दरवाजे से बाहर निकल गए थे। ये दोनों साहब 6 बजे के लगभग छावनी में पहुँचे। मेजर ऐबट ने बंदूकों की आवाजें सुनीं, तो अपने सिपाहियों से पूछा कि यह क्या हो रहा है?

उन्होंने उत्तर दिया कि 38 नंबर की रेजिमेंट के सिपाही अपने अफ़सरों को मारते हैं। यह सुनकर मेजर साहब ने हुक्म दिया कि वापस चलकर ओहदेदारों की सहायता करो; पर किसी ने हुक्म न माना और मेजर साहब की सारी चापलूसी और शिकायतें व्यर्थ गईं। सिपाहियों ने कहा कि यही बहुत है कि हमने तुमको बचा लिया। हमसे वहाँ जाकर कुछ न होगा; बल्कि तुम्हें हीं खो बैठेंगे। यह कहकर बहुत से सिपाही मेजर साहब के चारों ओर जमा हो गए और बलात् उन्हें छावनी के भीतर ढ़केल ले गए। पता चला कि सिपाहियों ने बड़ी बेदर्दी और बेरहमी के साथ अफ़सरों पर गोलियाँ बरसाईं। लेफ़्टिनेंट स्मिथ पहले तो मुश्किल से चार सिपाहियों के हाथों से बच गये थे; पर बाद में गुलजारसिंह नाम के सिपाही के हाथ से मारे गए। असल बात यह है कि तमाम सिपाहियों ने इस व्यक्ति का विशेष तौर से स्मिथ साहब का वध करने के लिए तैयार किया था। यह इसलिए कि इन साहब बहादुर ने इस सिपाही पर गफलत और अवज्ञा का दोष लगाकर उसका पद घटा दिया था। इनके अतिरिक्त लेफ्टिनेंट इस्बोरी भी घायल हुए थे और फ़ोर्ट साहब की मेम के कंधे पर गोली लगी थी। शेष जितने पदाधिकारी तथा मेंमें थीं, वे सब दीवार पर चढ़ गई थीं, इसलिए उपद्रवकारियों ने गोलियाँ चलाना बंद कर दिया था। जब वे ख़जाना लूटने के अभिप्राय से रवाना हो गए थे; पर चलते-चलते जितनी तोपें थीं, सब का मुँह बेकस लोगों की ओर करके दाग दिया गया; परंतु परमात्मा की कृपा से किसी को हानि अथवा क्षति नहीं पहुँची, यद्यपि केवल चालीस गज़ की दूरी थी। जब इन ग़रीबों को दम लेने का अवकाश मिला, तो ये सब

ख़ंदक में उतरकर और पार जाकर मेटकॉफ़ साहब की कोठी पर पहुँचे। वहाँ सौभाग्य से खाना तैयार था। बेचारे दिन भर के उपवास से निढ़ाल हो गए थे, बैठकर खाना खाया। यद्यपि पेटभर कर भोजन नसीब न हुआ था तथापि अन्य पदाधिकारियों की अपेक्षा अच्छे रहे, जिन्हें सुबह से नतो कुछ मिला था और न आगे मिलने की आशा ही थी।

मेजर ऐबट शामके करीब अपने रेजिमेंट के क्वार्टर में गए। वहाँ उनके सिपाहियों ने आपस के परामर्श-द्वारा ही निश्चय किया कि यदि आप यहाँ से किसी अन्य स्थान में चले जाएँ, तो अच्छा होगा और उन्होंने नम्रता-पूर्वक कहा कि आप यहाँ से इसलिए चले जाएँ, कि यदि 38 नंबर की रेजिमेंट के सिपाहियों ने सुन लिया अथवा देख लिया कि आप यहाँ छिपे हुए हैं, तो अवश्य वे आपको मार डालेंगे और हमसे कुछ न हो सकेगा और हम आपकी रक्षा न कर सकेंगे। यह कहकर कुछ सिपाही घोड़ा लाने के लिए छावनी गए। इस बीच में बहुत-सी गाड़ियाँ और बग्घियाँ करनाल की ओर जाती और भागती हुई दिखाई पड़ीं। यह देखकर सिपाहियों ने कहा कि वह देखो,बहुत से अफ़सर और मेमें करनाल जा रही हैं। आप भी उन्हीं के साथ चले जाइए; पर इतना सब होते हुए भी उसने बहुत गिड़गिड़ा कर रोकने के लिए कहा; पर शायद वह इस विचार से नहीं रहे कि कहीं उपद्रवी बहाने बाजी से न ठहरा रहे हों—न ठहरे।

इस बीच में कप्तान हाकी घोड़े पर सवार आगे और मेजर साहब को अपने पीछे सवार कराके ले चले और उन दोनों तोपों तक पहुँचा दिया, जो करनाल की ओर जा रही थीं; अतएव पहिए पर मेजर साहब बैठ गए। इनसाईन लाइन साहब चार मील तक गए; पर वहाँ से आगे न जा सके; क्योंकि दराबियों ने जाने से इंकार कर दिया और उन दोनों अंग्रेजों को रास्ते में उतार दिया। सौभाग्य से कप्तान डबलीस गाड़ी पर वहाँ पहुँच गए और दोनों साहबों को अपने साथ बैठा कर चल पड़े।

देहली से जितनी गाड़ियाँ और बग्घियाँ चुरा-छिपा कर और जान बचाकर भाग निकली थीं, जिनमें अंग्रेज़ अफ़सर और उनके बाल-बच्चे थे, सब करनाल पहुँच गए। रास्ते में देहली से चालीस मील की दूरी पर, वे केवल एक स्थान पर ठहरे थे। यहाँ चूँकि डाक बंगला था; इसलिए खाना खाने के लिए उतर पड़े थे। सारांश यह कि ये लोग सकुशल करनाल पहुँच गये; पर कप्तान न्यूट और उनके साथ जो भाग निकले थे वे बेचारे अवश्य मैदान में निराश होकर ठोकरें खा रहे थे। अंत में तीसरी नंबर का रिसाला लेफ़्टिनेंट मेंकेंजी के अधीन उधर आ निकला और उसने इन्हें अपनी संरक्षता में ले लिया। इस भटकने वाले जत्थे में कर्नल न्यूट, लेफ़्टिनेंट प्रोक्टर, लेफ़्टिनेंट मेकर 38 नंबर रेजिमेंट के तथा लेफ़्टिनेंट विल्सन तोपखाने के और लेफ़्निेंट सालफिल्ड इंजीनियर, लेफ़्टिनेंट डालमार्ट नंबर 54 रेजिमेंट

के, लेफ़्टिनेंट जे. फ़ोर्ट मैगज़ीनवाले अपनी मेम तथा तीन लड़कियों सहित तथा फ्रेजर साहब की मेम शामिल थीं। ये सब लोग कोहनताली नामक एक व्यक्ति के बड़े कृतज्ञ हैं, जो हरचंदपुर में रहते हैं और डेविस साहब के संबंधी हैं, जिनको समरू की बेगम (?) ने अपना लड़का बना लिया था। कोहन साहब ने इन सब लोगों को बड़े आवभगत से अपनी संरक्षता में रखा था।

12 मई को 2 बजे के करीब निम्नलिखित सज्जन बागपत पहुँचे। जहाँ इस कसबे के नंबरदार ने इन सब लोगों की बेहद मेहमानदारी की। इनके अतिरिक्त भी जो अंगरेज इधर आ निकला, उसकी मेहमानदारी में भी उसने कोई कसर उठा नहीं रखी। बागपत में इन लोगों ने खाना खाया और मेरठ की ओर चल पड़े और सूर्यास्त से पहले मेरठ पहुँच गए। इस जत्थे में ये सज्जन थे–अपनी मेम सहित कप्तान विल्सन, हॉकी तथा इनसाइन, 74 नंबर की रेजिमेंट के हिंदुस्तानी कप्तान, अपनी स्त्री सहित डीटिस्टर, मिस हेजिन्स, अपनी माता सहित कस्टम के कलक्टर मरनी साहब तथा अपनी बीबी-बच्चों सहित हेली साहब।

एक और जत्था, जिसमें लेफ़्टिनेंट डोज़वेल एडजिकन तथा एक्ल्यू साहब सहित रेज़ साहब तथा लेफ़्टिनेंट डियूली थे। इनका कहीं पता-निशान न चला। ऐसा अनुमान है कि देहातियों के साथ मारे गए।

लेफ़्टिनेंट डियूली, लेफ़्टिनेंट फ़ॉरेस्ट और लेफ़्टिनेंट रेज़ तथा अन्य अंगरेज़ों ने मैगज़ीन को सुरक्षित रखने में बहुत वीरता-पूर्वक प्रयत्न किया; पर चूँकि कुछ लोग मैगज़ीन के भीतर थे, और वह भी सख्त दगाबाज थे तथा बाहर उपद्रवकारियों का बड़ा भारी जमाव हो गया था; अतएव उसकी रक्षा संभव न थी; इसलिए मैगज़ीन में आग लगाकर उसे उड़ा दिया गया। इस भगदड़ में कुछ अंगरेज़ भाग निकले थे। इन्हें लेकर एक लेफ़्टिनेंट फॉरेस्ट साहब थे और इनके ही पत्र से मैगज़ीन की संरक्षता का विस्तृत विवरण प्राप्त हो सका, जिसका उल्लेख नीचे किया जाता है।

मैगज़ीन उड़ने की कहानी

11 मई को प्रातःकाल 7 और 8 बजे के बीच सर पी. ओफल्स मेटकॉफ साहब मेरे मकान पर आये और कहा कि मैगज़ीन में चलकर दोनों तोपें निकलवा कर पुल पर भेज दो, ताकि उपद्रवकारी दरिया को पार न कर सकें। मैं इनके साथ मैगज़ीन में आया। यहाँ लेफ़्टिनेंट डियूली, कंडक्टर एकले सहित लेफ़्टिनेंट रेज़, शाबकली साहब एक्टिंग सब कंडक्टर क्रू, सारजेंट एडवर्ड और अपने हिंदुस्तानी मातहतों सहित स्टुअर्ट साहब मौजूद थे। सर पी. ओफल्स अपनी गाड़ी से उतरे और मैं तथा लेफ़्टिनेंट देवली साहब इनके साथ बुर्ज पर गए, जो नदी की ओर था। यहाँ से पुल साफ़ दिखाई पड़ता था। वहाँ पहुँचकर देखा, तो उपद्रवकारी पुल

पार कर रहे थे।

यह हाल देखकर सर पी. ओफल्स, मेटकॉफ साहब लेफ़्टिनेंट डियूली साहब को साथ लेकर शहरपनाह (प्रवेश-द्वार) का दरवाज़ा देखने गए कि वह बंद कर दिया गया है या नहीं; पर पुल-दरवाज़े खुले हुए थे और उपद्रवकारी विशेष प्रसन्नता-पूर्वक किले के दरवाज़ों में प्रवेश कर रहे थे और शाही मकानात तक पहुँच गए थे। जब लेफ़्टिनेंट डियूली वापस आए, तो उन्होंने मैगज़ीन के दरवाज़े बंद कर उनमें सलाखें लगवा दीं। दरवाज़े के अन्दर छः पेनी की दोनों तोपों को खूब भरवाकर एक्टिंग सब-कंडक्टर साहब और सार्जन्ट स्टुअर्ट के अधीन कर दी गईं और इन लोगों को बत्तियाँ देकर यह हुक्म दे दिया गया कि यदि उपद्रवकारी दरवाज़े के भीतर प्रवेश करें, तो दोनों तोपें दाग दी जाएँ। मैगज़ीन के बड़े दरवाज़े पर भी इसी तरह दो तोपें नियुक्त कर दी गईं और दरवाज़े के भीतर गोखरू बिछा दिए गए। और भी मजबूती की दृष्टि से दो अन्य तोपें इस तरह लगा दी गईं कि इनका गोला दरवाज़े और बुर्ज तक पहुँचता था; इसके अतिरिक्त दरवाज़ा और गोदाम (दफ्तर समान) क बीच रास्ता था, इन दोनों रास्तों पर तीन-तीन छः पेनी और चौबीस पेनी का गुब्बारा इस तरह गाड़ दिया गया कि जिधर चाहें घुमाकर इर्द-गिर्द के मकानों की रक्षा कर सकें। जब गुब्बारा और तोपें लगा दी गईं, तो इन सब में दुधारे छुरे भरवा दिए गए। सारांश यह कि रक्षा का जहाँ तक प्रबंध संभव था, करके हिंदुस्तानी कार्य-कर्ताओं को हथियार बँटने लगे; पर इन लोगों ने इन्हें बहुत असंतुष्ट भाव से ग्रहण किया। इन लोगों के चेहरों पर किसी प्रकार की घबराहट नहीं पाई जाती थी। इसके बाद कंडक्टर एकलो और सार्जन्ट स्टुअर्ट ने एक पलीते में आग लगाई। उनको यह आदेश था कि जब लेफ्टिनेंट डियूली की आज्ञा से कंडक्टर एकलो अपनी टोपी सिर से उठावें, उसी समय पलीते मेंआग दे दो; अतएव साहब बहादुर ने यह शिताबा उड़ाया; मगर उस समय जब कि गुब्बारे का एक-एक गोला चुल चुका था। इतनी ही देरी में किले से गारद आया और देहली के सम्राट् के नाम पर मैंगज़ीन का अधिकार माँगा; पर इसका इधर से कोई उत्तर न दिया गया। इसके बाद मैगज़ीन की गारद के सूबेदार लेफ़्टिनेंट दियूली साहब को इस बात की सूचना दी गई कि देहली-सम्राट् ने उपद्रबकारियों को कहला भेजा है कि हम सीढ़ी भेजते हैं, ताकि तुम लोग मैगज़ीन की दीवारों पर चढ़ जाओ; अतएव थोड़ी ही देर में सीढ़ी आ गई और उसे लगाकर कुछ हिंदुस्तानी अमले दीवारों पर चढत्कर बाहर उतर गए। उपद्रवकारियों का भी एक विशाल झुंड पहुँच गया। हमारे पास जब तक गोला-बारूद रहा, हम खूब मुकाबला करते रहे; अतएव उपद्रवकारियों को इससे बड़ी हानि पहुँची; पर चूँकि उनकी संख्या अपार थी और रंजक के ताज दान विश्वासघाती सिपाही पहले ही से छिपाकर रख गए थे; इसलिए बाध्य होकर हमेंमैगज़ीन उड़ा देना पड़ा।

हिंदुस्तानी सैनिकों में से रहीमबख्श नामी एक व्यक्ति उपद्रवकारियों के षड्यंत्र में मिला हुआ था, वह मैगज़ीन के दरवाज़ों का दर्बान था और भीतर का सब हाल बाहर उपद्रवकारियों से कह देता था। यह बार-बार अंदर आता-जाता था और सब हाल कह देता था। लेफ़्टिनेंट दियूली इस व्यक्ति की अनुचित कार्यवाहियों से इतने अधिक खीज गए थे कि उन्होंने बाध्य होकर यह आज्ञा दे दी थी कि यदि यह व्यक्ति फिर बाहर जाए, तो इसे गोली से मार दो।

लेफ़्टिनेंट रेज़ ने दूसरे अंगरेज़ों के सहयोग से मैगज़ीन की रक्षा के लिए जो भी उपाए संभव था किया। कंडक्टर निकल ने जितनी तोपें मौजूद थीं, सब को कम-से-कम चार बार दाग़ा। उन्होंने इतनी वीरता तथा दूरदर्शिता से अपना कर्त्तव्य पालन किया, मानों वे परेड पर काम कर रहे हों; यद्यपि उपद्रवकारी, जो 40 या 50 गज़ की दूरी पर थे, हर तरफ से गोलियों की वर्षा कर रहे थे। जब गोला-बारूद समाप्त हो गया, उस समय कंडक्टर साहब की कोहनी से ज़रा ऊपर एक गोली आकर लगी, जो बाद में निकाल ली गई। इसके बाद दो गोलियाँ मुझे भी लगीं। इस युद्ध और उपद्रव के बाद लेफ़्टिनेंट डियूली ने मैगज़ीन को उड़ा देने का हुक्म दिया। इसका पालनकंडक्टर निकिल ने तुरंत किया। तमाम पलीतों में आग लगा दी गई। यद्यपि कोई ऐसा न बचा था, जिसकी कुछ-न-कुछ क्षति न हुई हो; पर जान से बच गए और उन रास्तों से, जो मैगज़ीन के उड़ने से उसकी दीवारों में बन गए थे, वे दरिया की ओर बाहर आ गए। लेफ़्टिनेंट डियूली और मैं जीवित काश्मीरी दरवाज़े तक पहुँच गये। मैं नहीं कह सकता कि औरों के साथ क्या हुआ? लेफ़्टिनेंट रेज़ और कंडक्टर निकल सलामत बच गए। सार्जेन्ट मवेल मैगज़ीन के रक्षार्थ आ रहे थे कि उपद्रवकारियों ने उन्हेंरास्ते ही में मार डाला। इस दुर्घटना के संबंध में 54 नंबर की रेजिमेंट के एक अन्य अफ़सर की चिट्ठी नीचे दी जाती है।

दूसरी चिट्ठी

11 मई शनिवार के दिन देहली की समस्त सेना को परेड करने और तीसरे रिसाले के कोर्ट मार्शल का निर्णय सुनने की आज्ञा प्रदान की गई; अतएव सारी सेना परेड पर एकत्र हुई। सब परेड करने के बाद सदा की भाँति अपनी-अपनी छावनी में चले गये। करीब 9 बजे के कर्नल रेली वापस आये, ताकि अपनी रेजिमेंट और दो तोपें नदी के पुल पर ले जाएँ और तीसरे रिसाले के उपद्रवकारियों को दरिया पार करने से रोकें; अतएव गोरों की समस्त रेजिमेंट आज्ञा पाते ही तुरंत बाहर आई और दस मिनट में तैयार होकर सहर्ष रवाना हो गई। जब मैं परेड पर पहुँचा, तो कर्नल साहब ने मुझे हुक्म दिया कि अपनी कंपनी को सशस्त्र लेकर तोपखाने

में जाकर दोनों तोपों के साथ रहो, जो रवाना होने वाली हैं। चूँकि कप्तान डिटिस्टर का बंगला रास्ते में था; इसलिए मैं उनके पास गया और उनसे तोपों की रवानगी के संबंध में पूछ-ताछ की। साहब बहादुर ने कहा कि अभी तैयार होती हैं। तुम सदर बाज़ार में उनकी प्रतीक्षा करो, दोनों तोपें वहीं पहुँचेंगी। मैं इनकी आज्ञानुसार सदर बाज़ार में जाकर ठहर गया। मुझे वहाँ पहुँचे आधे घंटे के क़रीब गुज़र गया; पर तोपों का अभी तक कहीं पता न लगा। बाध्य तथा हताश होकर मैंने लेफ़्टिनेंट वाईमार्ट से कहा कि आप जाकर पूछें कि आख़िर तोपोंके आने में इतनी देर क्यों हुई और मैं अपनी कंपनियाँ लेकर शहर की ओर जाता हूँ, ताकि समय व्यर्थ नष्ट न हो। लेफ़्टिनेंट वाईमार्ट जिस समय पहुँचे, उस समय तोपें बाहर आ रही थीं और मेरे पास उस समय पहुँची, जब मैं अपना रास्ता आधे से अधिक तय कर चुका था। जब मैं गारद से 100 गज़ के समीप पहुँचा, तो 74वीं रेजिमेंट के कप्तान विलसन मेरे पास आए और मुझसे बोले कि शीघ्र चलो; क्योंकि उपद्रवकारी वहाँ पहुँच गए थे और इन अभागों ने 74वीं रेजिमेंट के कुल अफ़सरों को मार डाला था। यह सुनकर मैंने हुक्म दिया, कि दोनों तोपें और सब बंदूकें भर ली जाएँ। इसी बीच में मैंने देखा, कि कर्नल साहब बुरी तरहघायल होकर मेजर साहब की संरक्षता में एक पालकी पर पड़े चले आ रहे हैं। चूँकि मेरी दोनों कंपनियों ने बंदूकें भर ली थीं; इसलिए मैं इनको लेकर उपद्रवकारियों की तलाश में निकला और गारद में आया; पर इस समय वहाँ कोई उपद्रवी न था और न मेरे पहुँचने के पहले वहाँ 54वीं रेजिमेंट की छठी कंपनी का कोई सिपाही ही था। यह हाल देखकर मैंने दोनों तोपें शहर के दरवाज़े पर लगा दीं और जगह-जगह पहरे खड़े कर दिए। इस स्थान पर मैं यह भी बतला देना आवश्यक समझता हूँ कि क्प्तान विल्सन ने मुझसे कहा था कि जो गारद पहरे में था, जिसमें 50 सिपाही 38वीं रेजीमेंट के थे, 6 गज की दूरी पर खड़े कर्नल रेली के घायल होने का दृश्य देखते रहे; पर किसी ने भी सहायता न की! यद्यपि कप्तान विल्सन ने बहुत-कुछ कहा-सुना; पर वे टस-से-मस न हुए। स्वयं कर्नल रेली का कहना है कि मुझे मेरीही रेजिमेंट के सिपाही ने संगीन से घायल किया है। डॉक्टर स्टुअर्ट का कहना है, कि मैंने साहब बहादुर को बाग़ी सिपाहियों की खुशामदें करते और हाथ चूमते देखा था; इस पर भी इन दगाबाजों ने उपद्रवकारियों को रोकने का, न तो कोई प्रयत्न ही किया और अफ़सरों को मारे जाने से बचाया।

सारांश यह कि जब कोई उपद्रवकारी दिखाई न पड़ा, तो हमने अफ़सरों की लाशों को ढूँढ़ना शुरू किया। हमने उनकी लाशें यत्र-तत्र मैदानों में गिरजाघर के समीप तथा उसके निकटवर्ती मकानों में पाईं और इन सारे शवों को गारद वाले मकान के चौक में एकत्र किया। तलाश करने से जिन अफ़सरों की लाशें हमें मिलीं उनके नाम ये हैं—

कप्तान स्मिथ, कप्तान रूस, लेफ़्टिनेंट एडवर्ड, वायरफ़ील्ड साहब, डाक्टर दोजंग और लेफ़्टिनेंट इस्बोर्न तथा इनसाईन इन्जलू साहब भाग गए थे। बाद में हमारे पास सही-सलामत आ गए। इनमें से लेफ़्टिनेंट बटलर के सिर पर एक सख्त ज़ख्म लगा था। इनके थिनानुसार उन्हें शहर वालों ने मारा था। अब शहर वालों ने गिरजाघर और अंगरेज़ों की कोठियों को खूब लूटना शुरू किया। मेंमें बड़ी कठिनाई से गारद तक जीवित पहुँचीं; पर इतना कुछ होते हुए भी इस समय शहर में पूर्ण शांति विराज रही थी। इसके बाद मैगज़ीन की तरफ तोपों के चलने की आवाज़ सुनाई दी। मैंयह बतलाना भूल गया, कि दोपहर के बाद 74 नंबर की रेजिमेंट मेजर ऐबट के अधीन आ चुकी थी। उसके एक घंटे के बाद मैगज़ीन के उड़ने की आवाज़ आई; परंतु हमें इस बात का पता नचला कि आखिर मैगज़ीन को किसने उड़ाया और वह क्योंकर उड़ी? थोड़ी देरी के बाद लेफ़्टिनेंट डियूली ने, जो मैगज़ीन से भागकर हमारे पास आए थे, सब हाल सुनाया। उन्होंने कहा कि मैंने तथा सार्जेन्टों ने यथाशक्ति उसकी रक्षा की और जब तक उसका बचाना संभव था, तब तक मैंने उसे नहीं उड़ाया; लेकिन जब देहली सम्राट की भेजी हुई जंगी सीढ़ियाँ आ गईं और उपद्रवकारी भीतर तक पहुँच गए और खलासी आदि भी हमसे विमुख होकर उपद्रवकारियों से मिल गये, तो बाध्य होकर हमने उसे उड़ा दिया। हम नहीं जानते कि इसमें कितने आदमी मरे; पर मैं बड़ी कठिनाइयों से भाग निकला हूँ। साहब बहादुर के चेहरे से प्रकट होता था कि यदि भगवान की कृपा इनकी सहायक न होती, तो इनका जीवित रहना संभव न था; क्योंकि बारूद की चोटों से इनका चेहरा काला हो गया था।

इस रोज़ सारे दिन ब्रिगेडियर साहब का कोई हुक्म हमारे पास न आया, यद्यपि हमने कई बार उनके पास आदमी भेजा कि हमें कोई आज्ञा दें; पर साहब बहादुर तथा ब्रिगेडियर मेजर एक बार इधर इतना भी देखने न आए कि आखिर यहाँ क्या हो रहा है, यद्यपि इनका यहाँ आना बहुत ज़रूरी था। यह ज़रूर था कि साहब बहादुर ने दो तोपें हमारी मदद को भेज दी थीं; पर फिर वापस मँगवा लीं। 38वीं रेजीमेंट के डॉक्टर को किसी तोपखाने के एक सिपाही ने सख्त घायल कर डाला। इनके चेहरे पर भीषण घाव थे। डॉक्टर साहब इलाज के लिए गारद में आए थे और अब वापस जा रहे थे कि रास्ते में उन्हें फिर ज़ख्मी कर दिया गया। शाम के 5 बजे के करीब इस आशय का एक आज्ञा-पत्र आया कि एक रेजिमेंट नंबर 74 की, जो मेजर ऐबट के अधीन थी, पहाड़ी पर जहाँ 38 नंबर की रेजिमेंट पहले से ही तैयार खडत्री है, तुरंत आ जाए। सैनिक तैयार होकर कूच की प्रतीक्षा में खड़े थे कि यकायक 38 नंबर के रेजिमेंट के कुछ सिपाहियों ने अफ़सरों पर गोलियाँ चलाना आरंभ कर दिया, जो चौक में खड़े थे। दैवयोग से मैं काश्मीरी दरवाज़े के समीप था। मैंने देखा कि एक अफ़सर घायल होकर ज़मीन पर गिरा;

इतने में मेरी रेजिमेंट के एक सिपाही ने मेरे कंधे पर हाथ रखकर और जोर से धक्का देकर मुझे बाहर निकाल दिया और बोला कि यदि एक क्षण भी तुम यहाँ ठहरोगे, तो मार दिये जाओगे। जैसे ही मैं बाहर आया कि 74 नंबर की रेजिमेंट का एक सिपाही मेरे साथ हो गया। हमने सिपाही को साथ लेकर रास्ता छोड़कर, दूसरे रास्ते से पहाड़ी के बुर्जकी राह ली और वहाँ पहुँच कर ब्रिगेडियर साहब और दूसरे अंग्रेजों से सब हाल बतलाया। यहाँ छावनी में बहुत-सी मेंमें तथा अन्य पदाधिकारी उपस्थित थे, यह समाचार सुनकर सबके भागने का निश्चय हुआ।उस समय लोगों की परेशानियों का दृश्य, मनुष्यों की भीड़ तथा पालकी और गाड़ियों की भरमार देखने योग्य थी। ये सब करनाल की तरफ रवाना हुए। पर जब उस स्थान पर पहुँचे, जहाँ से एक रास्ता मेरठ की ओर जाता था, तो कुछ सवारियाँ मेरठ की ओर रवाना हो गईं। मुझे इससे पूर्व यह बतला देना चाहिए कि लगभग 11 बजे के 54 नंबर की रेजिमेंट की लाइट कंपनी का एक सिपाही मेरे पास आया और उसने कहा कि उसे रेजिमेंट वालों ने इसलिए मेरे पास भेजा है, कि जहाँ के लिए मैं आज्ञा दूँ वहाँ जाएँ। मुझे यह सुनकर आश्चर्य हुआ और मैंने पूछा कि आखिर रेजिमेंट कहाँ है? उसने कहा कि वह सब्जीमंडी में है। मैंने उससे पूछा कि रेजिमेंट किसलिए और क्यों वहाँ गई? उसने उत्तर दिया कि जिस समय उपद्रवकारियों ने अफ़सरों पर आक्रमण किया, तो कुल सिपाही चिंतित होकर भाग गए और अब सारे शहर में धूमधाम कर सब्जीमंडी में एकत्र हुए हैं। यह सुनकर मैंने हुक्म दिया कि सब मेरे पास चले आवें; अतएव मैं गया; और सब सिपाही, निशान तथा झंडे आदि लेकर आ गए।

इसके पश्चात् हवलदार मेजर ने आकर कहा कि हम लोग तीसरे नंबर के रिसाले के सवारों के साथ थे और उन लोगों को साथ देने के लिए बहुत प्रोत्साहित किया; पर सिपाहियों ने इंकार कर दिया। यहाँ तक तो मैंने आँखों देखी ही घटनाओं का वर्णन किया है, इसके बाद गारद में आने पर जो बातें प्रकट हुईं, उनका उद्धरण एक सज्जन की चिट्ठी से किया जाता है, जो वहाँ उपस्थित थे और जो दूसरे अंग्रेजों के साथ भागे थे।

38 नंबर की रेजिमेंट के सिपाहियों ने जब अपने ही अफ़सरों पर गोलियाँ बरसानी शुरू कीं, तो तमाम अफ़सरों ने एक मोरी के रास्ते से, जो कमरे के भीतर थी, भाग कर अपनी रक्षा की; पर जब तक भागें तबतक तीन अफ़सर; अर्थात्—कप्तान गार्डन और लेफ़्टिनेंट स्मिथ तथा लेफ़्टिनेंट रैलोंबिली मारे गये। लेफ़्टिनेंट स्वोर्न की टाँग में एक गोली आकर लगी; पर किसी तरह साहब बहादुर निश्चित स्थान पर पहुँच गए और घाव की मरहम-पट्टी करने के बाद वे खंदक में कूद पड़े और उसकी तह तक पहुँच गए। दूसरे अंग्रेज भी कूदने के लिए तैयार थे कि स्त्रियों तथा बच्चों की करुणापूर्ण चीत्कार उन्हें सुनाई दी। ये सब मेंमें गारद

के कमरे के भीतर मौजूद थीं। यद्यपि गोलियों की वर्षा हो रही थी, तथापि ये लोग भीतर वापस गए और सब स्त्रियों को अपने रुमालों के सहारे, जिन्हें एक दूसरे में बाँधकर रस्सी का काम लिया गया था, खंदक मेंनीचे उतार लिया और स्वयं भी नीचे उतर गए। इसकी दूसरी ओर की दीवार पर चढ़कर उन्हीं रुमालों के सहारे फिर सब औरतों को खींच लिया और वहाँ से उन लोगों ने नदी की ओर प्रस्थान किया; पर प्रत्येक क्षण उन्हें इस बात का भय था कि कहीं उपद्रवकारी न पहुँच जाएँ और उन्हें मार डालें। पर, मरमात्मा की कृपा से उपद्रवकारियों ने इनका पीछा नहीं किया और सबसे आश्चर्य-जनक बात तो यह है कि उन्होंने उस समय भी इन पर गोलियाँ नहीं चलाईं, जब ये सब स्त्री-पुरुष खंदक में उतर रहे थे। यद्यपि इनके उतरने-चढ़ने में आधे घंटा अवश्य लगा होगा। सारांश यह कि ये सब अंग्रेज और उनकी स्त्रियाँ दरिया के पार पहुँची और वहाँ से बहुत ही असहाय-पूर्ण अवस्था में और कई उपवास के बाद ये लोग एक देहात में पहुँचे, जो देहली से 12 मील पर स्थित है। यहाँ के नंबरदार ने इन लोगों को इस बात का वचन दिया था कि वह एक पत्र मेरठ रवाना कर देगा; अतएव मेरठ सेतीसरे दिन कुछ फौज़ आई और वह इस असहाय जत्थे को अपनी संरक्षता में मेरठ ले गई। लेफ़्टिनेंट सेलरऔर इनसाईन इंजलो साहब भी भागे थे अवश्य; पर वे किसी गाँव में मार डाले गए।

अंग्रेज़ों को कत्ल करने तथा लूटने के बाद उपद्रवकारियों ने एक शाहज़ादे को तख्त पर बैठाया और अपना चौकी-पहरा सब दरवाजों पर बैठा दिया। किले के चारों ओर तोपें चढ़ा दी गईं। खज़ाना भी किले ही में रखा गया; क्योंकि उपद्रवकारियों का विचार था कि यदि अंग्रेज़ हम पर आक्रमण करेंगे, तो हम इस स्थान को अंत तक न छोड़ेंगे।

उपद्रवकारियों ने केवल अंग्रेज़ों पर ही अत्याचार नहीं किए; बल्कि शहर वालों को भी इसका वह शिकार बनना पड़ा कि जिससे परमात्मा बचावें। उपद्रवकारी यह बात अच्दी तरह जानते थे, कि देहली वैभवपूर्ण नगरी है; अतएव उन्होंने उसे जी खोलकर लूटा। एक हिंदुस्तानी, जो इस बीच में; अर्थात्—31 मई से 23 जून तक देहली में था, इस लूट-ख़सोट के संबंध में बयान करता है कि उपद्रवकारियों ने नागरिकों के पास एक घोड़ा तक नहीं छोड़ा—सब कुछ छीन ले गए। प्रायः दुकानदारों को केवल इस अपराध के लिए जान से मार डाला गया कि वे अपनी चीज़ों का उपयुक्त मूल्य माँगते थे। वयोवृद्ध व्यक्तियों का अपमान किया जाता था। नदी के पुल पर जो गारद तैनात थी, उसने प्रत्येक मुसाफ़िर को लूट लिया। जिस दिन से शहर में प्रवेश किया और जब तक वहाँ रहा, मैंने कभी पूरा बाज़ार खुला हुआ नहीं देखा। केवल दो-चार बनियों आदि की दूकानें मामूली सामानों के साथ खुला करती थीं। शहर में रहने वाले और दूकानदार खेद प्रकट करते थे। सर्वसाधारण की स्थिति उपवासों तक पहुँच गई थी। विधवा स्त्रियाँ घरों में बैठकर

आँसू बहाया करती थीं और प्रातःकाल से सायंकाल तक उपद्रवकारियों को कोसा करती थीं। अंग्रेजों के नामी तथा प्रसिद्ध नौकरों ने घर से बाहर निकलना तक बंद कर दिया था।

उपद्रवकारियों को जहाँ कहीं भी नगद रुपया दिखाई पड़ता, वह तुरंत उसे लूट लेते थे। यह सब रुपये अभी तक सिपाहियों के अधिकार में थे और खजाने में एक कौड़ी तक दाखिल नहीं हुई थी। कुछ रेजिमेंटों के पास इतना अधिक रुपया जमा हो गया था कि वह कठिनता पूर्वक चल फिर सकती थी; अतएव बोझ के कारण उन्होंने रुपयों को मोहरों में बदल लिया था। महाजनों ने मोहर का दर इतना बढ़ा दिया था कि जो मोहर सोलह रुपये के दर की थी, उसके 24,25 रुपये कर दिये। जिस प्रकार पहले सिपाहियों ने महाजनों को लूटा था, ठीक उसी प्रकार अब महाजन सिपाहियों को लूटने लगे—यहाँ तक लूटा कि सोने की मोहरों की जगह उन्होंने पीतल की मुहरें भिड़ा दीं। जिस फौजी दस्ते के सिपाहियों के हाथ कुछ भी लूट का माल नहीं लगा, वह अमीर सिपाहियों से डाह करते थे। अमीर सिपाही लड़ाई के मैदान में न जाते थे, इस बात को लेकर दरिद्र सिपाही उनको बहुत कुछ बुरा-भला कहते थे। मैंने तो यहाँ तक सुना कि अमीर और गरीब सिपाहियों में लोहा बजने वाला है।

एक रेजिमेंट अलीगढ़ से, 150 सवार मैनपुरी से, थोड़े से बिना हथियारों वाले सिपाही आगरे से, एक रेजिमेंट और दो सौ सवार हाँसी हिसार से, थोड़े से हथियार वाले सिपाही अम्बाला से, दो सौ सवार और दो कंपनी मथुरा से, छठवाँ रिसाला लाइट राबाद से मेरे सामने देहली में घुसे और उपद्रवकारियों में सम्मिलित हो गए।

मुरादनगर, रोहतक, अलीगढ़ हाँसी, मथुरा, गढ़ी, हरसर और तरसीला आदि स्थानों के सरकारी खजानों को उपद्रवकारियों ने लूट लिया और लूटा हुआ धन शाही खजाने में सम्मिलित कर दिया। बादशाह की ओर से प्रति पैदल चार आना और प्रति सवार एक रुपया दिया जाता था। मुझे यह नहीं मालूम कि सरकारी ख़ज़ाने से कितना रुपया आया; परंतु 17 जून को सरकारी ख़जाने में एक लाख उन्नीस हजार रुपया मौजूद था।

शहजादे शाही फौज के अफ़सर नियुक्त हुए थे। मुझे इन विलास-प्रिय लोगों पर दया आती थी। कभी-कभी इन बेचारों को ठीक दोपहर में शहर से बाहर जाना पड़ता था, तो बड़ी मुसीबत हो जाती थी। तोप और बंदूक की आवाज़ से इनका दिल धड़क उठता था और इस पर तुर्रा यह कि शासन के नियमों से बिल्कुल अनभिज्ञ थे। सिपाही उनकी अज्ञानता पर दिल खोल कर हँसते थे, बल्कि कभी-कभी तो उनकी मूर्खता-पूर्ण आज्ञाओं के कारण उनसे बद-ज़बानी भी कर बैठते थे। फौज के लिए बादशाह लड़ाई के मैदान में मिठाई इत्यादि भेजते थे, तो यार लोग उसको

लूट का माल समझ कर रास्ते ही में चट कर जाते थे। शाही फौज की बहादुरी भी सराहना के योग्य ही थी। वास्तव में वे लोग बड़े चतुर थे। जब उनका दिल चाहता कि लड़ाई के मैदान से वापस आ जाएँ, तो फटे-पुराने कपड़े पैरों पर ज़ख्म के बहाने बाँधकर, लंगड़ाते और हाय-हाय करते वापस आ जाते।

30 जून को रात्रि के समय हिंडन पुल पर उपद्रवकारियों के होश-हवास उड़ गये। बहुत से सिपाहियों ने अपनी तलवारें और बंदूकें कुएँ में डाल दी थीं और तितर-बितर होकर जंगलों और देहातों की ओर भाग गये थे; क्योंकि उनको विश्वास हो गया था कि अंगरेज़ी फ़ौज़ उनका पीछा करती चली आती है।

यदि उस दिन अंगरेज़ी फ़ौज आ जाती, तो दिल्ली पर उसी दिन कब्ज़ा हो जाता; इसलिए यह तितर-बितर लश्कर फिर दूसरे दिन शहर में वापस आया।

उनमें से बहुतेरे सिपाही लापता हो गये। रास्ते में गूजरों ने उनको खूब लूटा। इस प्रकार जब वह शहर में वापस हुए, तो उनके पास कौड़ी भी न थी।

बादशाह की आज्ञाओं का कभी-कभी ही पालन किया जाता था और शाहज़ादों को तो कोई यह भी न पूछता था कि तुम हो किस खेत की मूली। सिपाही बिल्कुल मनमानी करते थे। न बिगुल को ही मानते थे और न सेनानायकों की आज्ञाओं को और न सोंपा गया काम ही करते थे। फ़ौज की गिनती तो एक ओर, वे कभी वरदी तक न पहनते थे।

रईस, शाहज़ादे और बेगमें अपने.विगत जीवन के सुखों पर शोक करते थे। शाहज़ादे फौज की भाषा न समझते थे और बिना द्वि-भाषिये के बात-चीत न कर सकते थे।

शेल के गोलों से शहर के मकान गिर गये थे। किले के दीवानख़ास में जो तख्त संगमरमर का बिछा हुआ था, वह चूर-चूर हो गया।

देहली का अंगरेजी मदरसा पहले ही दिन लूट लिया गया और अंगरेज़ी किताबें गली कूचों में पड़ी हुई थीं। जो मनुष्य अंगरेज़ी बोलता था, सिपाही उसकी खूब मरम्मत करते थे और उसको कैद कर दिया करते थे।

मैगज़ीन 11 मई को फटा था, इसके कारण आस-पास के बहुत-से मकानों को नुक़सान पहुँचा था। लगभग 500 आदमी इसके कारण मर गये थे। घरों में इतनी गोलियाँ गिरी थीं कि बच्चों ने आध-आध सेर और कुछ ने तो सेर-सेर भर चुन ली थीं।

इसके पश्चात् उपद्रवकारियों और शहर के लोगों ने मैगज़ीन को खूब लूटा। जितना भी सामान—टोपी, बंदूक, तलवार, संगीन इत्यादि ले सके, उठाकर ले गये।

खलासियों ने अपने-अपने घरों को अच्छे-अच्छे हथियारों और सामान से खूब पाट लिया था और उसे रुपये के तीन सेर के हिसाब से तौल कर बेच डाला।

ताँबे की चादरें रुपए की तीन सेर बिकती थीं। बंदूकों का मूल्य

अधिक-से-अधिक ।।) को भी मँहगी समझी जाती थी औरसंगीन तो–)में भी मँहगी थी। तोज़दान (खाना खाने के बरतन) और परतले इतने अधिक थे कि उनके लूटने वालों को एक कौड़ी भी न मिली। उनको किसी ने खरीदा ही नहीं। मजनू के टीले की आधी बारूद तो गूजर और जाट लूट ले गये थे और आधी शहर में आ गई थी।

तीसरी कहानी

मैगज़ीन की रक्षा के संबंध में कंडक्टर यगली और दूसरे अंगरेज अफ़सरों का उल्लेख हो चुका है। नीचे की चिट्ठी से विदित होगा कि यगली साहब के ऊपर मैगज़ीन उड़ने और भागने के बाद क्या बीती।

यगली साहब ने मैगज़ीन से निकलते ही यह सराहनीय कार्य किया कि राबर्ट साहब की मेम और उनके चार साल के बच्चे को नदी पार कराया। इस कार्य में यह कठिनाई थी कि मैगज़ीन की लड़ाई में यगली साहब का हाथ बिल्कुल बेकाम हो गया था, और नदी पार करने के बाद उनके पाँच-छः चोटें और लगी थीं, क्योंकि जमुना पर उपद्रवकारियों ने उन्हें घेर लिया था और उनके सब कपड़े, सिवाय एक कमीज़ के, उतरवा लिए थे।

वह 12 दिन तक मारे-मारे फिरने के बाद लेफ्टिनेंट रेज़ और उनके बाल-बच्चों के साथ मेरठ पहुँचे। रेज़ साहब के चले जाने पर एक दिन बाद यगली साहब गये थे। रेज़ साहब से उनका मिलन ऐसी ही दशा में हुआ था, जबकि उपद्रवकारियों ने उनको घेर लिया था और जो कुछ उनके पास था, छीन लिया था। रेज़ साहब और उनकी मेम साहब मुझसे कहते थे कि यदि सम्वाददाता बहादुरी से इसकी सूचना उनको न देता, तो उनका मेरठ पहुँचना अत्यंत कठिन हो जाता। सम्वाददाता ने कई बार अपना सिर जमीन पर रख दिया। उपद्रवकारियों में से एक व्यक्ति ने अपना पैर उसकी गरदन पर रख दिया और चाहा कि उसका सिर काट डाले, तो उसने कहा कि मैं अपने सिर को इस उद्देश्य से न्यौछावर करता हूँ कि मेरी जान लेने के बाद तुम इन स्त्रियों को बेपरदा न करोगे। इस बात पर उपद्रवकारियों को दया आई और उन लोगों ने उसको छोड़ दिया। उसने इससे भी अधिक बहादुरी का कार्य यह किया कि उसको केवल छः दिन अस्पताल रहते बीते थे कि उसको ज्ञात हुआ कि ब्रिगेडियर विलसन साहब दिल्ली जा रहे हैं। यह समाचार पाते ही वह ब्रिगेडियर साहब के पास पहुँचा और उनसे प्रार्थना की कि मुझको भी साथ ले चलिए; परंतु अब तक जख्म हरे थे, इस कारण ब्रिगेडियर साहब ने उसकी प्रार्थना

अस्वीकार कर दी। यह होते हुए भी हमनेसुना कि वह केवल नौ दिन अस्पताल में रहा और दसवें दिन इस तोपखाने और लड़ाई के समान के साथ हो लिया, जो मेरठ की फ़ौज के लिए जा रहा था और हिंडन पुल पर पहुँच कर फौज के साथ दिल्ली की छावनी में पहुँच गया। और 17 जून तक फौज के साथ रहा। इस बीच में तीन बार उसको सन्निपात हुआ। दो बार रास्ते में और एक बार छावनी में, जहाँ पर वह जरूरी कामों में व्यस्त था। 17 को वह मेरठ वापस किया गया; परंतु यह वापसी उसकी इच्छा के विपरीत थी। इन साहब ने 17 वर्ष तक केवल मैगज़ीन का कार्य किया और जो कुछ माल असबाब था, वह सब-का-सब बरबाद कर दिया। अधिक शोक इस बात का है कि उनकी मेम साहब और तीन बच्चे भी इसी विप्लव में काम आये।

चौथी कहानी

डॉक्टर एस. एच. हेबटसन साहब 20-25 दिन तक हिन्दुस्तानियों के बीच हैरान फिरते रहे और प्रत्येक प्रकार के कष्ट और अपमान उन्होंने इस बीच में सहन किये। तीन-चार बार तो ऐसा हुआ कि वह अपने आप को मृत्यु के निकट समझने लगे। यात्रा और भागने के समय जो-जो कष्ट और मुसीबतें उन्होंने सहीं, उनके संबंध में स्वयं उनका बयान नीचे दर्ज किया जाता है। आशा है, पाठक उसको ध्यानपूर्वक और शौक के साथ पढ़ेंगे–

'दिल्ली की पहाड़ी पर जो बुर्ज है, उसमें बहुत-सी मेंमें एकत्र हो गई थीं। जब डर के लक्षण देख पड़े, तो मैं ब्रिगेडियर ग्रिवसन साहब के पास गया और उनसे कहा कि यदि आपगोरी फौज की कुमक के लिए चिट्ठी लिखें, तो मैं उसको लेकर मेरठ जाऊँगा। यह सुनकर ब्रिगेडियर साहब ने तुरंत चिट्ठी लिखकर मुझको दी। मैं अपने बाल-बच्चों और अन्य मेंमों से मिलकर अपने बँगले पर आया और फकीरों की गुदड़ी पहनकर और हाथ-पाँव रंगकर शहरमें होता हुआ, नदी के पुल तक पहुँचा; परंतु दुर्भाग्य से पुल टूटा मिला। लाचार इस अभिप्राय से छावनी की ओर वापस आया कि मैगजीन के निकट जो रास्ता है उसकी ओर से नदी पार करना चाहिए; परंतु इसी बीच तीसरे रिसाले के सवार छावनी में पहुँच गये थे और जाट और गूजर टुकड़ी बनाकर छावनी के निकट के देहात को लूटने के लिए चले आ रहे थे। अंगरेज़ों के बंगलों मेंतो आग लगाई जा चुकी थी। यह हाल देखकर मैं मेरठ पहुँचने से निराश हो गया और परेड के मैदान से आगे बढ़ा। इसी बीच दो सिपाहियों ने मुझ पर गोली चलाई; परंतु मैं बच गया। मैं अभी उस बाग तक

ही पहुँचा था, जो शहर से समीप था कि शहर वालों ने मुझे बंदी कर लिया और मेरे सब कपड़े छीन लिए। मैं वहाँ से बिल्कुल नंगा इस विचार से करनाल की ओर रवाना हुआ कि शायद उन अंगरेज़ों में से, जो करनाल जा रहे हैं, रास्ते में कोई मिल जाए; परंतु मैं अभी केवल एक ही मील गया था कि दो सिपाही दीख पड़े, जो और अंगरेजों का पीछा कर रहे थे; परंतु कोई उनके हाथ न लगा था। वे मेरे पास आये और नंगी तलवारें दिखाकर कहने लगे कि तू फिरंगी है। मैं बहुत ही गिड़गिड़ा कर उनके सामने गिर पड़ा। चूँकि मैं इस्लाम धर्म और हिंदी भाषा जानता था; इसलिए मैंने पैग़म्बर मुहम्मद की प्रशंसा करनी आरंभ की और कहा कि यदि तुम्हारा विश्वास है कि इमाम मेहदी न्याय के लिए आयेंगे, तो तुम मुझ निरपराध व्यक्ति को न मारो। मैंने दूसरी धार्मिक और नैतिक बातें भी कहीं; मगर इतने पर भी एक ने तलवार का वार मुझ पर किया। मैं जमीन पर गिर पड़ने के कारण उसका वार बचा गया। चूँकि वे घोड़ों पर सवार थे इस कारण उनकी तलवारें मुझ तक न पहुँच सकीं। मेरी नम्रतापूर्ण बातों ने कुछ ऐसा असर किया कि उन्होंने मुझे यह कहकर कि यदि तू पैग़म्बरों के नाम पर प्रार्थना न करता, तो तू भी दूसरे काफिरों की तरह तलवार की धार उतारा जाता, छोड़ दिया। अब मैं बहुत घबड़ा रहा था, मुझमें खड़े रहने की भी शक्ति न थी; परंतु चलना तो जरूरी था; इसलिए लाचार होकर मैं वहाँ से आगे बढ़ा। एक मील के लगभग चला था कि मुणे बहुत से मुसलमान दीख पड़े। वे सब मेरी ओर भागकर आये और मुणे देखकर कहने लगे कि यह फिरंगी है, काफिर को मार डालो और मुझको सम्बोधित करके कहने लगे कि तुम फिरंगियों ने चाहा था कि हम सबको क्रिस्तान कर डालो। यह कहकर मुझको खींचते हुए एक गाँव में ले गए, जो कि एक मील पर या इससे कुछ अधिक दूरी पर था। और मेरे हाथ पीठ से बाँध दिए (मुशकें कस दीं) इसके बाद उनमें से एक व्यक्ति ने कहा कि करीमबख्श, जाओ अपनी तलवार ले आओ। हम इस काफिर का सिर काटेंगे। करीमबख्श गया और जबतक वह तलवार लाए कि गाँव से एक आवाज़ आइ "दहाड़ है" "दहाड़ है" आवाज़ के सुनते ही जितने भी मुसलमान थे, सब अपनी-अपनी फिक्र करने चले गये। वे तो उधर गये और मैंने इस मौके से लाभ उठाकर बेतहाशा दौड़ लगाई और इस प्रकार इन दयाहीन मनुष्यों से छुटकारा पाया। रास्ते पर आकर मैं करनाल की ओर भागा; परंतु रास्ते में मुझको थोड़े-से लोहार, जो मैगज़ीन में नौकर रह चुके थे, मिल गये और उन्होंने मुझको घेर लिया; परंतु उनमें से एक व्यक्तिने मुझको पहचान लिया और कहा कि साहब डरो नहीं, मेरे साथ गाँव में चलो। वहाँ पहुँचकर तुम्हारे खाने-पीने की फिक्र करूँगा। अगर तुम आगे जाओगे, तो उन मुसलमानों के हाथ से, जो फिरंगियों को लूटने और मारने के अभिप्राय से बाहर निकले हैं, अवश्य मारे जाओगे। उन लोहारों के साथ मैं उनके गाँव गया। उन लोगों ने मेरी

बड़ी खातिर की। किसी ने पहनने को धोती दी, किसी ने टोपी। किसी ने दूध पिलाया, किसी ने रोटी दी। मैं यहाँ पहुँचकर यह समझा कि अभी जीवन की कुछ सांसें बाकी हैं। मैं इतना घबड़ाया हुआ था कि मुझसे अच्छी तरह बोला भी नहीं जाता था। उन लोगों ने मुझको चारपाई दी। मैं लेट गया; पर मुझको नींद नहीं आई। मैंने उन मनुष्यों से कहा कि मैं डाक्टर हूँ—यह जानकर उन लोगों ने मेरी और भी खातिर की। दूसरे दिन सबेरे गाँववाले जो मुझसे पूछते थे मैं उसका उत्तर पूर्णरूप से देता था।

जब उन लोगों ने देखा कि मैं उनके धर्म की जानकारी रखता हूँ, तब तो वे मुझसे विशेष प्रेम करने लगे और मुझे जिंदा रखने के लिए प्रयत्नशील हुए। वे खुल्लम-खुल्ला कहते थे कि हम शक्ति भर तुमको जिंदा रखेंगे। मैं इस गाँव में रहता था कि मैंने सुना कि पड़ोस के किसी गाँव में डॉक्टर वुड साहब मौजूद हैं। उस गाँव का नाम सर्मापुर है। उस गाँव के एक आदमी ने मुझसे आकर यह कहा कि मेरे गाँव में डॉक्टर वुडसाहब नाम के हैं, उनको कुछ औषधियों की जरूरत है। तुम सब हिंदुस्तानी औषधियाँ जानते हो, कृपाकर बताओ कि उनको क्या दिया जाए। मैंने एक नुस्ख़ा लिख दिया; परंतु मुझे पता नहीं कि दवा उनके पास पहुँचीकि नहीं। मैं उस गाँव में ठहरा हुआ था कि करनल रेली की खबर मेरे पास पहुँची, कि वे बर्फ़खाने के निकट, जो परेड के मैदान से मिला हुआ है, जख़्मी पड़े हैं। यह सुनकर मैंने गाँववालों से कहा कि साहब बहुत नामीं हैं, अगर तुम उनके लिए खाना-पानी ले जाओगे, तो सरकार इस सेवा के बदले में तुमको बहुत-सा इनाम देगी। गाँव वाले सात रोज़ तक बराबर खाना ले गये; परंतु जब में उस गाँव से बिदा हुआ, तो कोई 10 रोज के बाद मैंने सुना कि कर्नल साहब को किसी सिपाही ने बर्फ़खाने के निकट कत्ल कर डाला।

मुझे इस बारहदरी में ठहरे अभी थोड़े ही दिन हुए थे, कि यह बात जन-साधारण में भी मशहूर हो गई कि जितने भी अंगरेज मेरठ, अम्बाला और कलकत्ते में थे, वे सब कत्ल कर दिये गए और दिल्ली के बादशाह का शासन स्थापित हो गया। अगर कोई व्यक्ति किसी फिरंगी को अपने गाँव या घर में छिपा कर रखेगा, तो वह मार डाला जाएगा और उसका गाँव फूंक दिया जाएगा। यह सुनकर गाँव वाले घबराये और मुझे एक आमों के बाग में छोड़ आए। मैं वहाँ पर रात-दिन रहता था। रात को कोई-न-कोई गाँववाला मुझको खाना-पानी दे आता था। ऐसी अवस्था में जो कुछ मुझ पर बीतती थी, मैं ही जानता हूँ। दिनभर कड़ी धूप में रहना पड़ता था और रात बिल्कुल अकेले कटती थी। बहुधा आगे-पीछे गीदड़ इत्यादि की कर्णकटु आवाज़ें सुन पड़ती थीं। जो-जो मुसीबतें मैंने झेली हैं, मैं ही जानता हूँ, या फिर ईश्वर। पाँच दिन के बाद इस बाग से गाँव वाले फिर ले गये। और वहाँ भूसे की एक कोठ्री में मुझे छिपा दिया। मैं इस अंधेरी कोठरी में 24

घंटे तक रहा। उसके अंदर की गर्मी का हाल और गरमी के कारण दिल के घबड़ाने की हालत ज़बान से कही नहीं जा सकती।

इसके पश्चात् एक खबर और मशहूर हुई कि फिरंगियों की खोज के लिए सवार नियुक्त हुए हैं। अब यह सलाह ठहरी कि मैं एक भिखमंगे ज़ोगी-फ़कीर के साथ कहीं और चला जाऊँ। वह फ़कीर मेरे पास आया और मुझसे कहने लगा कि तुम जहाँ कहोगे मैं तुमको पहुँचा दूँगा; परंतु अब यहाँ पर तुम्हारा ठहरना ठीक नहीं है। उस समय मैं भिखमंगे फ़क़ीर के साथ रवाना कर बरसूहा में गया। और रात वहीं पर बसर की। उस फ़क़ीर ने मेरे सब कपड़े अपने दोस्त के घर में जाकर रंगे और मुझको रुदाक्ष की माला पहनाई। वह मुझे कई गावों में ले गया। कहीं मुझेको काश्मीरी, कहीं दादू-पंथी और कहीं ज़ोगी-फ़क़ीर बताता रहा। जिस-जिस गाँव से होकर मैं गुज़रा वहाँ के लोगों ने कुछ-न-कुछ मुझसे पूछा। मैं हिंदुस्तानी ज्योतिष जानता था; इस कारण जिसने जो पूछा मैंने उसका काफी जवाब दिया। इस कारण मेरी बहुत खातिर होने लगी। कोई पैसा देता और कोई खाना।

इस गाँव से रवाना होकर हम एक दूसरे गाँव में पहुँचे। वहाँ सेवकदास महंत कबीरी फ़क़ीर रहता था। हम उसके पास गए। मैं उसके धर्म की भी जानकारी रखता था। उस धर्म की ज्यों ही कुछ किताबें मैंने पढ़ीं, वह मुझपर दयालू हो गया। उसके पूछने पर मैंने कहा कि मैं काश्मीरी हूँ; परंतु उसने कहा कि काश्मीरी की आँखें ाूरी नहीं होतीं। उसने यह भी कहा कि तुम्हारी भाषा, रहन-सहन, ढ़ंग, कपड़े इत्यादि सब ठीक हैं; पर तुम्हारी आँखें तुमको छिपने नहीं देतीं। तुम जरूर फिरंगी हो। मैंने साफ-साफ कह दिया; परंतु चूँकि कबीर की कुछ साखियाँ मैंने उसके सामने पढ़ी थीं और चूंकि मैं उसको कसम दे चुका था; इस कारण वह मुझ पर बडत्रे दया करता था। मैं उसी फ़कीर के यहाँ था कि एक सिपाही आया और कहने लगा कि मेरे पास अम्बाला की फ़ौज के वास्ते (जो आजकल लोनी में है) कुछ चिट्ठियाँ हैं। और चाहता हूँ कि मेरी चिट्ठी फ़ौज के कमान अफ़सर के पास पहुँचा दो। उसने वादा किया और मैंने चिट्ठी लिखकर उसको दे दी। मैंने दिन-भर उस चिट्ठी की राह देखी; परंतु न तो उसका जवाब आया और न कुमक ही आई। इस पर मैंने मेरठ जाने का विचार किया। जिस भिखमंगे फ़क़ीर के साथ मैं यहाँ तक आया था, उसनेमेरठ चलने का भी वादा किया। इस गाँव के बहुतेरे आदमी मेरे साथ हरचंदपुर तक गये। वहाँ पर एक ज़मींदार फ्रांसिस कोहन साहब रहते थे। वे पहले तहसीलदार थे। मेरे साथ बहुत अच्दी तरह पेश आये और मुझको उन्होंने चिट्ठियाँ दिखलाईं, जो कर्नल न्यूट और कप्तान सालगेड साहब ने लिख कर दी थीं। उनमें लिखा था—इन्होंने हमारी बड़ी मदद की, बड़ी खातिर की और हमें मेरठ तक पहुँचा दिया।

यह चिट्ठियाँ देखकर मैंने भी मेरठ जाने की ठानी। इसी बीच में एक चिट्ठी

मेरे नाम मौज़ा केकरों से आई, जिसमें लिखा था कि राजा झिंद के सौ सवार कप्तान मैक अंड्रू की अध्यक्षता में मेरी राह देख रहे हैं और वे मुझे 'राई' के मुकाम तक, जहाँ पड़ाव पड़ा है, पहुँचा देंगे। कोहन साहब ने अपनी गाड़ी पर सवार कराके 'केकरा' के लिए रवाना कर दिया। यहाँ तक पहुँच कर कप्तान मैक अंड्रू और लेफ़्टिनेंट मेवो साहब को देखकर मुझे बहुत खुशी हुई और जान-में-जान आई।

मैं 25 दिनों तक देहातों, जंगलों और खंडहरों में मारा-मारा फिरा था। अगर मैं हिंदुस्तानी भाषा न जानता होता और उसको मैं साफ न बोल सकता होता, तो मैं कहीं-न-कहीं जरूर क़त्ल कर दिया जाता।

मैं हिंदुस्तानी भाषा उतनी ही साफ बोल सकता हूँ, जितनी अंगरेजी। मैं अपनी जान बचने को एक चमत्कार समझता हूँ और समझता हूँ ईश्वर की असीम कृपा। मगर जो-जो तकलीफें और मुसीबतें मैंने झेली हैं, वह बयान नहीं की जा सकतीं।

पाँचवी कहानी

एक गिरोह, जिसमें बहुत-से अफ़सर और मेंमें थीं, दिल्ली से भागने और मेरठ जानेका हाल इस तरह बयान करती है—पहले यह विचार था कि पहाड़ी पर जो बुर्ज है, उसमें क़िलाबंद होकर उपद्रवकारियों का मुकाबला किया जाए। मगर यह बात व्यर्थ-सी नजर पड़ी; क्योंकि इसमें कोई लाभ न था; इसलिए भागने की बात निश्चित हुई। जब हम लोगों ने प्रस्थान किया तब, 38 और 74 रेजिमेंट के सिपाही भी रवाना हो गये। थोड़े-से सिपाही अफ़सरों के पास झंडे के क़रीब बाक़ी रह गए। मेंमों की गाड़ियाँ करनाल रवना हो गईं। अफ़सरों को सिपाहियों ने यह सलाह दी कि शीघ्र भाग जाना चाहिए; बल्कि उन्होंने ज़बरदस्ती उनको वहाँ से भगा दिया; इसलिए कि इस स्थान पर भी शहर से उपद्रवकारी आने वाले थे। सायंकाल का समय था, अंधेरा पृथ्वी पर फैल रहा था कि चारों ओर से बंदूकों की आवाज़ें आनी शुरू हुईं और छावनी के अधिकांश बंगलों में आग लग गई, जिसका प्रकाश दूर-दूर तक पहुँच रहा था। अब भागने के अतिरिक्त और कोई उपाए शेष नरह गया था। जो अफ़सर वहाँ बाक़ी रह गये थे, उन्होंने भी दुबारा प्रबंध जमाना व्यर्थ समझकर स्थान छोड़ दिया; क्योंकि जो क्षण बीतता था, वह अधिकाधिक भयंकर होता जाता था। सारांश यह कि वहाँ से बेतहाशा भागे, रात-भर जंगलों की ख़ाक छानते रहे। कभी थककर ज़मीन पर लेट जाते थे कि शायद नींद आ जाए, कीाी प्राणों के भय से उठ बैइते थे। इसी प्रकार बड़े कष्टों से रात कटी। सुबह होते ही उपद्रवकारी सिपाही उनके आगे पीछे मडराते दीख पडत्रे; परंतु ईश्वर को अनेक

धन्यवाद है कि उनको वह स्थान न मिल सका, जहाँ वे साहब लोग थे। जब कोई दीख न पड़ा, तो विवश होकर सिपाही ढूँढ़ने के लिए आगे बढ़े। ये अफ़सर लोग-जहाँ ठहरे थे, उसके आस-पास के लोगों के बहुत कृतज्ञ हैं; क्योंकि गाँववालों ने उनकी बड़ी सेवा की थी और बहुत कुछ आराम पहुँचाया था। किसी ने खाना खिलाया और किसी ने अपने घर में छिपा कर आश्रय दिया। रात-भर जो साहब लोग बिछुड़े रहे थे, वे आ मिले और जो रात-भर साथ रहे थे, सुबह को बिछुड़ गए। गाँव वालों ने उन अंगरेज़ों को, जिनकी रक्षा का उन्होंने भार लिया था, यमुना नदी के एक नाले को पार कराकर जंगल में एक सुरक्षित स्थान पर छिपा दिया और तीसरे पहर उनको आकर समाचार दिया कि अंग्रेज़ों का एक गिरोह, जिसमें मेंमें भरी हैं, निकट के किसी स्थान में ही ठहरा हुआ है। यह गिरोह वह था, जो काश्मीरी दरवाज़े से भागा था और जब वहाँ शांति के लक्षण न दिखाई पड़े, तो मेंमों को तोप की पेटी पर सवार कराकर छावनी भेजा था। आगे उपद्रवकारियों ने उनको मार्ग में लूट लिया था; बल्कि उन पर गोलियाँ भी चलाई थीं। उसके बाद ये लोग खाई में उतर कर दूसरी ओर से चढ़कर भाग निकले थे। इन्हीं में से एक मेम के कंधेपर गोली का एक जख्म भी लगा था। सारांश यह कि वहाँ से भागकर यह गिरोह भी सारी रात परेशान रहा। कईबार सिपाहियों के हाथ से बड़ी कठिनाई से बचे; बल्कि किसी-किसी समय तो उपद्रवकारी सिपाही इन लोगों की खोज में अत्यंत निकट पहुँच गये; मगर ईश्वर की लीला कि ये लोग उनके अत्याचारी पंजों में फँसने से बाल-बाल बच गये।

सारांश यह कि दोनों गिरोह इकट्ठा होकर चले और एक को दूसरे की भेंट से कुछ ढ़ाढ़स बँध। अब संख्या बढ़ गई थी; इसलिए अपनी शक्ति पर भरोसा करके आगे बढ़े। ये लोग दो या तीनमील तक यमुना नदी के किनारे-किनारे चलते रहे। इसके बाद एक नाले पर पहुँचे, जिसका पार करना अत्यंत कठिन था। वह गर्दन तक गहरा था और इस वेग से बहता था कि पाँव उखड़ जाते थे। थोड़ी दूर तक वे सब बहते हुए चले गए। अंत में बड़ी कठिनाई से पैर जमा-जमाकर दूसरे किनारे तक पहुँचे।

अब शाम हो गई थी और नाले में घुसने के कारण बड़ी सर्दी लग रही थी। दूसरे दिन सुबह को फिर गाँववाले उनके मित्र बने और ऐसे स्थान पर, जहाँ बहुत सघन वृक्ष थे, ले जाकर कहा कि यहाँ रहना उचित नहीं है; क्योंकि उपद्रवकारी सिपाहियों के झुंड-के-झुंड उनके पीछे पड़े हैं। यहाँ से जब वे चले, तो गूजरों के झुंड के हाथ में आ फँसे, जिनके नीच विचार शीघ्र ही प्रकट हो गये। चूँकि इन लोगों को बंदूकें इत्यादि पानी में भीग गई थी; इसलिए गूजरों ने घोर नीचता का व्यवहार किया। उन्होंने इन लोगों के सब हथियार ही नहीं छीने, बल्कि कपड़े तक उतरवा लिए और सब माल-मतालेकर भाग गये। ये दुष्ट गूजर इन लोगों के प्राण

तक ले लेते यदि एक साधु समझा-बुझाकर उनको ऐसा करने से न रोकता। अब उनके पास लज्जा ढ़कने के अतिरिक्त और कोई कपड़ा शरीर पर न था। इसी दशा में सूरज की गर्मी में जलते-भुनते एक गाँव में पहुँचे। यह गाँव ब्राह्मणों का था। इसमें एक सन्यासी की कुटी में जाकर आश्रय लिया और तीन दिन तक वहाँ ठहरे रहे। यहाँ अपने आश्रयदाताओं के हाथों बहुत आराम पाया। उनलोगों ने असीम सेवा-सुश्रूषा की और इनके जख्मों की मरहम-पट्टी के लिए एक जर्राह का भी प्रबंध कर दिया और जो दवा गाँव में मिल सकती थी, उन तक पहुँचाई। इस गाँव से वे एक दूसरे गाँव उसके जमींदार की इच्छानुसार चले गए। यह जमींदार जर्मन जाति का था। वहाँ इन्हें यहाँ से अधिक आराम मिला। रहनेके लिए मकान और खाने-कपड़े का अच्छी तरह प्रबंध कर दिया गया। इस रात को अधिक ढ़ाढ़स बँधा; क्योंकि मेरठ के सवारों का एक रिसाला, जिसको चिट्ठी भेजकर उन्होंने बुलाया था, उनके पास आ गया। ज़मींदार ने सवारियों का प्रबंध कर दिया और आठवें दिन ये सब लोग अपनी असली सूरतों में मेरठ पहुँच गए।

छठी कहानी

डाक्टर बालफोर साहब दिल्ली से अपने भागने का हाल इस प्रकार लिखते हैं–

'जब यह बात तय हो गई कि अब दिल्ली छोड़ देनी चाहिए तो लीबास साहब ने अपनी बग्घी मुझको दी। मैंने अपनी बहन मिस स्मिथ को अपने पास बैठाया और रास्ते से लेफ़्टिनेंट टॉमस इंजीनियर और मेम डानिस को फ्रेजर साहब के बच्चे के साथ, जो इस समय उनकी गोद में था, बैठाकर हमलोग करनाल की ओर रवाना हो गये। लेफ्टिनेंट टॉमस साहब ने कहा कि यह बात अधिक अच्छी होगी यदि हम पहले नहर को पार करके उस थाने पर चलें, जो रास्ते में है। वहाँ पहुँचकर जिधर की सलाह होगी, रवाना हो जाएँगे। हमने ऐसा ही किया और छोटे थाने तक पहुँचे। दूसरे दिन सबेरे के वक्त ही जब हम चलने की तैयारी कर रहे थे, मौजा ओहद का जाट जमींदार हमारे पास आया। उसने पूछा कि दिल्ली के क़त्ल और लूट का हाल वहाँ पहुँचा है या नहीं। उसने यह भी कहा यदि तुम्हारी इच्छा हो, तो मैं तुमको शांति के साथ सुरक्षित रख सकता हूँ। मैंने सब को सलाह दी कि इसको स्वीकार करना चाहिए। रात्रि के समय हम सब उसके साथ उसके गाँवगये और वहाँ उसने हमको चार-पाँच रोज तक रखा और हमारी बड़ी खातिर की। अंत में जब किसी फ़ौज के आने की खबर न सुनी, तो उसने हमको यह सलाह दी, कि नहर के किनारे-किनारे करनाल चलना मुनासिब है। उसने हमको

रास्ता बताया और उस गाँव के उपद्रवकारियों से हमको बचाया और हमारी रक्षा का प्रबंध किया। उसने हमारी इतनी सेवाकी कि मुझको डर है कि हम लोग उसको इसका बदला न दे सकेंगे।

सारांश यह कि हम अत्यंत सुरक्षित अवस्था में करनाल पहुँच गये। श्रीमान् लेफ़्टिनेंट गवर्नर साहब यह बात सुनकर अत्यंत प्रसन्न होंगे कि मुल्क के इस भाग में, जिससे होकर हम गुज़र रहे थे, अधिकतर मनुष्य अंगरेजी सरकार के शुभचिंतक थे और ऐसे उपद्रव के समय भी दृढ़ प्रतिज्ञ बने रहे। सिर्फ गूजरों की जाति जरूर कभी-कभी उपद्रव करती थी। ये गूजर उपद्रवकारी बड़ी सडत्र्क के आस-पास रहते थे।'

सातवीं कहानी

एक मेम साहब, जिनका हवाला बालफोर साहब की चिट्ठी में आ चुका है, अपने भागने का हाल इस प्रकार लिखती हैं–

'11 मई सोमवार के दिन सवेरे के समय मैं एक मित्र से मिलने गई, जो मैगज़ीन के निकट रहते थे। जब पहले-पहल यह समाचार आया कि उपद्रवकारियों का गिरोह मेरठ से आ रहा हे, तो मुझको और दूसरी मेम साहबों को यह सलाह दी गई कि हम सब मैगज़ीन में जाकर रहें; परंतु मैं वहाँ न गई और अपनी माता के घर में, जो निकट ही था, चली गई। और उनसे इस झगड़े का हाल बयान किया और नौकरों से कहा कि जाकर इस झगड़े की ठीक-ठीक खबर लाओ; परंतु उस समय उन सबने कहा कि इस समय यहाँ पर कुछ भी खटका नहीं है और यहाँ पर किसी तरह की खराबी पैदा नहीं हो सकती; क्योंकि दिल्ली की रक्षा का प्रबंध बड़ी सुंदर रीति से किया जा रहा है। इसी बीच और भी कई मेंमें आकर जमा हो गईं। आधे घंटे के लगभग बीता होगा कि नौकर ने आकर शोर मचाया कि उपद्रवकारी आ गये और मकानों को लूट रहे हैं और गिरजाघर तक पहुँच गये हैं। गिरजाघर हमारी कोठी के अत्यंत निकट था; इसलिए अब भागना भी असंभव हो गया। हमारे नौकरों ने हमको यह सलाह दी कि नौकरों के मकान में जाकर छिप रहें। इस सलाह के अनुसार हम सब एक स्थान में जाकर छिप रहे। हमारे छिपने के थोड़ी देर बाद दो-सौ सवार हाते के अंदर आ गये और उस घर के निकट आकर जिसमें हम सब छिपी हुई थीं, खडत्रे हो गये और नौकरों से पूछा कि साहब लोग और मेंमें कहाँ हैं। तुम अपने प्राणों का भय न करो। हम तुममें से किसी को न मारेंगे; लेकिन हमारा यह विचार है कि दिल्ली में जितने ईसाई

हैं, उन सबको क़त्ल कर डालें। नौकरों ने जवाब दिया कि सब भाग गये, हमको ज्ञात नहीं कि कहाँ गये। अगर तुम्हारी यह धारणा हो कि बंगले में हैं, तो जाकर स्वयं ढूँढ़ लो। इस उत्तर से उनको कुछ संतोष हुआ और वे वहाँ से बाहर जाकर अंगरेज़ों की खोज में लग गये।

थोड़ी देर के बाद 74वीं रेजिमेंट के 6 सिपाही और आ गये। उनको वह घर, जहाँ हम सब छिपे थे, मालूम हो गया। वे खूब ठठाकर हँसे और बंदूकें दिखाकर कहा कि हम तुमको मार डालेंगे। हमने उनकी बहुत खुशामद की और कहा हमें मत मारो। इस पर उन्होंने कहा—अच्छा बाहर आओ और हमारे साथ चलो, फिर देखना हम क्या करते हैं। हम बाहर निकले और उनके साथ हो लिए। वे हम सब को गारद में जहाँ वे सब रहते थे, ले गये और अफ़सरों की लाशें दिखाकर कहने लगे कि देखो, यह सब इस वास्ते मारे गये हैं कि कमांडर इन चीफ साहब ने हमको धर्म-भ्रष्ट करने का विचार किया था।

इसके पश्चात् अफ़सरों ने देखा कि हम नीचे सिपाहियों के पास खड़े हैं। वे जल्दी से दौड़कर हमारे पास आ गये, और सिपाहियों को हटाकर हमसे कहा कि ऊपर जाओ। हम सब वहाँ गये। वहाँ पहुँचकर हमने देखा कि बहुत से अफ़सर उपस्थित हैं। वहाँ हम लोग दस बजे तक भूख प्यास की यंत्रणाएँ सहते रहे।

मेजर ऐबट साहब ने झंडावाले बुर्ज पर कहला भेजा कि तोप की पेटियाँ भेज दो, तो उनपर मेम साहबों को सवार करके अपने सिपाहियों की रक्षा में बुर्ज तक पहुँचा दें, इस कारण कि यहाँ का कुछ भी सहारा नहीं है और बुर्ज इससे अधिक सुरक्षित स्थान है। थोड़ी देर में पेटियाँ तोपों के साथ आईं। उनके साथ 38वीं रेजिमेंट के कुछ सिपाही थे। मेजर ऐबट साहब हम सबको उनपर सवार कराके, आप स्वयं अपनी कंपनी लेकर आगे बढ़े और आज्ञा दी कि पेटियाँ उनके साथ आएँ। 38वीं रेजिमेंट के सिपाही उस समय तक चुपचाप खड़े रहे, जब तक मेजर साहब काश्मीरी दरवाजे से बाहर नहीं हो गये। ज्योंही वे बाहर हो गए, त्योंही सिपाहियों ने दरवाज़ा बंद कर लिया और हमसे कहा कि अगर तुम लोग अभी इस परसे न उतर आईं, तो हम तुम सब को मार डालेंगे। यह सुनते ही हम सब पेटियाँ पर से उतर आईं; परंतु मेरी बहन न उतर सकी; क्योंकि उसकी गोद में बच्चा था। उसने सिपाहियों से कहा—थोड़ा ठहरो, मैं बच्चे को किसी को देकर उतरती हूँ; परंतु जब उन्होंनेपुनः उतरने को कहा, तो उसने बच्चे को मेरी गोद में डाल दिया और आप झट कूद पड़ी। इसी बीच में 54वीं रेजिमेंट का एक ड्रम्मर (फ़ौजी ढ़ोल बजाने वाला)आ गया। उसने मेरा हाथ पकड़ कर कहा कि यदि जीवन से प्रेम है, तो मेरे साथ चलो। वह ज़बरदस्ती एक खिडत्की से मुझे सदर बाज़ार ले गया। रास्ते में मैंने बंदूकों की आवाज़ें सुनीं। पूछने पर ज्ञात हुआ कि सिपाही उन अफ़सरों का, जो भागकर जाना चाहते हैं, पीछा कर रहे हैं, और मार रहे हैं।

थोड़े से अफ़सर मारे जा चुके हैं। मेरा साथी भी मुझको कप्तान बर्ड साहब के बंगले पर ले गया और मुझसे कहा कि यहाँ एक और मेम साहब हैं, वे तुम्हारी देखरेख करेंगी; परंतु पीछे से ज्ञात हुआ कि वे भी झंडेवाले बुर्ज पर चली गई हैं। तब मैंने कहा कि मुझे भी पहुँचा दो। बहुतेरे सिपाही मुझे देखकर हँसते थे; परंतु उनमें से एक ने मुझसे कहा कि चलो मैं तुमको पहुँचा दूँगा। उसने अपनी बात पूरी की।

मैं अधिक-से-अधिक दस मिनट बुर्ज में रूकी, कि वहाँ से भागने का पक्का इरादा हो गया। सारे-के-सारे सिपाही उपद्रवी हो गये थे। उनमें से कोई अपने अफ़सरों की आज्ञा न मानता था। इस कारण जिसके सींग जिधर समाए, वह उधर चला गया। डॉक्टर बालफोर साहब ने मुझपर बड़ी कृपा की और अपनी गाड़ी में मुझे जगह दी। जितनी जल्दी संभव हुआ, हमने सड़क छोड़ दी और नहर के किनारे-किनारे भागा-भागा 25 मील तक चले गये। 25वें मील पर हम थोड़ी देर तक ठहरे और एक घंटे तक आराम करके फिर वहाँ से रवाना हुए और एक चौकी पर पहुँचे, जो यहाँ से 5 मील दूर थी, बाक़ी रात खुले मैदान में कटी। इस स्थान के निकट एक गाँव था। यहाँ से नहर का एक ठेकेदार आया और बोला कि मैं तुम्हारी रक्षा करूँगा।

सबेरे उसने हम लोगों को दूर ले जाकर एक बाग में रखा और कहा कि दिन को यहाँ रहा करो। रात्रि में वह उपद्रवकारियों के भय से हम लोगों को अपने घर ले जाया करता था। वहाँ हम कोठे पर रात काटते थे। छः दिन के बाद उसके पड़ोसी देहातियों ने उससे कहा कि इन लोगों ने तुझको बहुत-सा रुपया दिया होगा, नहीं तो तू क्या इन लोगों की इतनी रक्षा करता। अगर हमको भीतू कुछ भाग उस रुपये में से दे, तब तो ठीक है, नहीं तो रात्रि में आकर हम इन सबको मार डालेंगे। हमारे रक्षक ने यह समाचार सुनकर हमसे कहा कि अब यही ठीक है कि तुम सीधी करनाल चली जाओ। सुनते हैं कि वहाँ कुछ सरकारी फ़ौज आ गई है। वह रास्ते में हमारी रक्षा के अभिप्राय से करनाल तक हमारे साथ गया। कमांडर-इन-चीफ़ साहब ने उसकी सेवा के बदले उसको 1000) रुपया इनाम दिया। जो बच्चा मैं गोद में लाई थी, वह दो रोज के अंदर मर गया। यह भी समाचार मिला है कि मेरी माता भी सख़्ती और मेहनत के कारण मर गई।

उपद्रवकारी उस गिरोह के पीछे, जिसको हमने अपने पीछे छोड़ा था और जिसमें मेरी बहन भी थी, आ गये; परंतु ईश्वर की कृपा से वे बच गए। वे कभी झाड़ियों में छिपते थे, कभी उन झाड़ियों में बैठे-बैठे लेटे-लेटे चलते थे। काँटे जो शरीर में चुभ गये थे, उससे लहू बह रहा था।

आठवीं कहानी

डॉक्टर ड्यूड साहब की मेम ने भी अपनी उन विपत्तियों तथा कष्टों का हाल प्रकाशित किया है, जो दूसरे अंग्रेज़ों के साथ देहली से करनाल तक भागने में उन्हें झेलने पड़े थे।

वह कहती हैं कि डॉक्टर ड्यूड साहब जब ज़ख्मी हो गए तो मैं नंगे पैर उनसे मिलने को दौड़ी। इसके पहले मैंने उनसे कहला भेजा था कि पहाड़ी के बुर्ज पर जो एक सुरक्षित स्थान है वहाँ चले जाएँ। मेपल साहब की मेम जो इस विपत्ति में मेरे साथ थीं, एक मित्र की कृपा से उनकी बग्घी पर जगह मिली। मैं भी उनके साथ सवार हो गई। जब मैं ड्यूड साहब के पास पहुँची, तो वहाँ एक अस्पताल की डोली रखी हुई थी। मैंने इस विचार से कि डोली में साहब को आराम मिलेगा और वह अच्छी तरह सफर कर सकेंगे, उसमें साहब को सवार कराके अपने साथ लिया। हम थोड़ी ही दूर गये होंगे कि कहारों ने जाने से इंकार कर दिया। तब यहाँ से उनको पालकी गाड़ी में, जो उनके साथ आई थी, सवार कराकर करनाल रवाना किया और मेजर पिटर्सन और मेपल साहब को यहाँ से विदा किया। अब हम सब पीछे परेड से गुज़रे। रास्ते में तीन मर्तबा डॉक्टर साहब को सवारी बदलनी पड़ी और इसमें देर लग गई; इस कारण दूसरी औरतों और अंगरेज़ों से हम पीछे रह गये और इन सबके बाद दिल्ली से रवाना हुए। हम केवल दस मील आगे बढ़े थे कि देहाती आ गये और हमको रोकना चाहा। इतनेमें हमारे साईस ने हम से कहा कि अगर आप आगे जाएँगी, तो मारी जाएँगी; क्योंकि देहाती रास्ते में आपकी बाट जोह रहे हैं। यहाँ भी हमको कठिनाई सामने दिखाई पड़ती थी; क्योंकि हमारे घोड़े उन्होंने पकड़ लिए थे और नंगी तलवारें साईस के सिर पर तनी हुई थीं और आगे का भी भय था। खैर, बड़ी कठिनाई से यहाँ से तो किसी प्रकार बच गए। अब विचार किया कि कंपनी बाग लौट चलें और वहाँ दूसरे दिन तक छिपे रहें; और ऐसा ही किया भी। मालियों ने हमको वचन दिया कि हम तुमको आश्रय देंगे। बहुत देर के बाद एक झुंड लाठियाँ लेकर हमारे पास आया और कहा कि जो कुछ तुम्हारे पास है, दे दो। इनका विरोध करना व्यर्थ था; क्योंकि हम केवल दो अनाथ स्त्रियाँ और वह जंगलियों का पूरा झुंड-का-झुंड था। डॉक्टर साहब को ऐसा गहरा जख़्म लगा था, कि वह उठना तो क्या, बात भी न कर सकते थे।

हम दोनों के पास एक-एक संदूक़ जेवर और जवाहरात का था। इनके अतिरिक्त मेरे पास सौ रुपये नकद भी थे, जिसको बचाने के विचार से साथ लाए थे; परंतु अब यह विचार व्यर्थ था; क्योंकि उन्होंने सब छीन लिया। इसके अतिरिक्त

मेपल साहब की मेम का गाउन, टोपी, पहनने के कपड़े और दो रक्त सिंचित चादरें भी ले लीं। बग्धी भी तोड़ डाली और घोड़ों पर सवार होकर नौ-दो ग्यारह हो गए। इनके बाद भी कई मर्तबा लुटेरे आये और उस वक्त तक पीछा न छोड़ा, जब तक अच्छी तरह से यह न देख लिया कि हम बिल्कुल निर्धन और भिखमंगे हो गए हैं।

अब हमारे पास एक कौड़ी भी बाक़ी न रही। रात को लगभग एक बजे मैं और मेपल साहब की मेम, डॉक्टर साहब को एक पेड़ के नीचे छोड़कर किसी गाँव की खोज में बाहर निकलीं। बड़े प्रयत्न और आग्रह करने पर एक जमींदार हमको अपने साथ ले गया। उसने हमको रहने को मकान और खाने को दूधे-रोटी दी। इस रोज़ शाभ को हम करनाल रवाना हो गये। इसी प्रकार रात ही रात में सात-सात मील बड़े कष्टों में यात्रा करते थे; क्योंकि एक ज़ख्मी भी हमारे साथ था। गाँव-गाँव से रोटी माँग कर खाते थे और जमीन पर सो रहते थे। कुछ स्थानों पर तो लोग मेहरबानी सेपेश आते थे; मगर अधिकांश स्थानों पर लोग ताना देते थे और बुरी तरह से पेश आते थे, यहाँ तक कि कड़ी धूप के समय हमको कोई छाया में भी बैठने न देता था। इसी प्रकार हमने छः दिन सहस्रों कष्टों को झेलकर काटे। इस बीच में दिन को, धूप के समय, किसी पेडत्र या पुल के नीचे रहते थे। प्रत्येक समय प्राणों का भय लगा रहता था। पानी भी न मिलता था; मगर इस धारणा से हृदय को शांति और आश्वासन मिलता था कि बादशाह के सिपाहियों के हाथ से संभवतः बच जाएँ।

छठे दिन बालगढ़ पहुँचे। यह गाँव रानी मंगला देवी का है। यहाँ रानी साहिबा ने हमारी बड़ी सहायता और आदर सत्कार किया और कहा कि हम तुम्हारी रक्षा करेंगी; मगर दूसरे ही दिन, इन आशाओं पर पानी फिर गया। रानी के आदमी हमारे साथ रानी का यह व्यवहार देखकर अत्यंत रुष्ट हो गए और उन्होंने रानी को यह धमकी दी कि अगर तुम इनको यहाँ से रवाना न करोगी, तो हम तुम्हारा गाँव लूट लेंगे। यह बात हमारे लिए अत्यंत शोकजनक और दुःखदायक थी; किन्तु कोई इलाज न था। विवश होकर यह बात निश्चय की कि यहाँ से चल देना चाहिए। इसी बीच में सान्त्वना देने वाली एक और बात पैदा हुई; अर्थात्—मेजर पिटर्सन साहब आहत रूप में पैर में छाले पड़े हुए और लुंगी बाँधे हुए आ पहुँचे। मेजर साहब रास्ते भर हमारा पता लगाते हुए चले आते थे। यह भेंट यद्यपि बहुत संतोषप्रद थी; परंतु इससे दुख भी बहुत हुआ कि हमसे उच्च पदवी वाले व्यक्तियों के पास कपडत्रे तक पहनने को न रहें और हिंदुस्तानी लोग कपड़ों में बसर करें।

सूरज डूबने के पश्चात् हम गाँव से निकाले गए। सडत्र्क का मार्ग छोडत्र्कर दो-तीन गाँव तय किये। इसी चिंता में हम इतना अधिक थक गये थे, कि अंत में एक ज़मींदार से अनुनय-विनय की और कहा कि हमको कहीं बैठने दो और

कुछ खाने को ला दो, हम कल यहाँ से चले जाएँगे। इस ज़मींदार ने हमारी बड़ी खातिर की, खाना भी बहुत-सा दिया, सोने के लिए चारपाइयाँ भी दीं। दूसरे दिन प्रातः ही चार बजे हम वहाँ से रवाना हो गए। एक गाँव वाले ने एक चारपाई और कहार मेरे पति के लिए दिये। मेरे जूते घिस गये थे। मेजर पिटर्सन के जूते फट-फटाकर गायब हो गये थे। मैं इस दशा में गर्म-गर्म रेत और काँटेदार मैदानों में नंगे पाँव चलती थी। अंत मेंहम थाना कोली के निकट पहुँचे। यहाँ हमारे साथ अत्यंत मेहरबानी और रिआयत के साथ लोग पेश आए। एक मनुष्य ने हमारी करुण दशा से दयार्द्र होकर अत्यंत स्वादिष्ट कढ़ी पकाई और दूसरे दिन प्रातःकाल हमारी सवारी के लिए दो घोड़े, एक खच्चर और एक गधा तहसील कसौनी तक जाने के लिए दिया। वहाँ पहुँचकर हमें संतोष हुआ और हम समझे कि अब हम सुरक्षित हैं। दूसरे दिन करनाल से हमारे वास्ते शिकरम आई और महाराजा पटियाला के सिपाही रक्षा के वास्ते साथ आये। हम सब वहाँ से चलकर 20 मई को करनाल पहुँचे। यहाँ पहुँच कर हम सीधे रिग्बी साहब के मकान पर गये और सच यह है कि उन्होंने हम निर्धन और आश्रितों के साथ ऐसा उत्तम व्यवहार किया, जो एक सगे और सच्चे ईसाई के लिए सर्वथा उचित था। हमें उन्होंने इतना आराम पहुँचाया कि उनका ऋण हम कभी न भूलेंगे। एक सप्ताह से अधिक हम करनाल में ठहरे रहे। इसके बाद फिर यात्रा प्रारम्भ की। करनाल से अम्बाला गए और अम्बाला से डाक-कार्ट पर सवार होकर कालका पहुँचे। मार्ग में बहुधा गाड़ी से उतर कर स्वयं गाड़ी गर्म बालू मेंखींचनी पड़ती थी। डॉक्टर साहब के ज़ख्म को भी हमने स्वयं ग्यारह दिन तक धोया और बाँधा। ज़ख्म इतना अधिक ख़राब और गहरा हो गया था कि देखकर बड़ा दुःख और निराशा होती थी। गोली से दाँतों के जबड़े उड़ गये थे। ग्यारह दिन के बाद एक डॉक्टर साहब ने इनके ज़ख्म की परीक्षा की थी।

हमारी भगदड़ अत्यंत हीकष्टप्रद थी। हमने इसमें असीम कष्ट उठाए, सहस्रों विपत्तियाँ झेलीं और अत्यंत कटु तथा मनुष्यता-हीन ताने सहन किये। जितना भी सामान था, सब लुट गया। हमारे और मेपल साहब की मेम के पास जवाहरात की भाँति बहुत-सी बहुमूल्य वस्तुएँ थी। कुछ हमने स्वयं खरीदी थीं, कुछ मित्रों ने भेट में दी थीं; परंतु इन दुष्ट उपद्रवकारियों ने कुछ भी ख़्याल न किया और सब लूट ले गये। हमने पानी के विषय में भी कठोर आपदाएँ झेलीं। पैदल चलने के कारण हमें प्यास बहुत लगती थी और जब हमारे पास का पानी समापत हो जाता था, तो लाचार होकर झीलों और तालाबों का गंदला और कीड़े पड़ा हुआ पानी पीना पड़ता था। कूओं से भी खींच कर पीते थे। यद्यपि वह खारा होता था, तथापि पीना पड़ता था। यहाँ मैं यह भी बयान कर देना चाहती हूँ, कि कर्नल इब्ली साहब की डोली हमसे आगे-आगे जाती थी; किन्तु वह कहाँ रख दी गई,

यह हमें मालूम न हो सका। यह बात हमारा सामर्थ्यके बाहर थी, अन्यथा हम प्रयत्न करके उनको अपने साथ ले लेते और उनको अकेला क़त्ल होने को न छोड़ देते।

नवमीं कहानी

मोहनलाल, जिसने काबूल में सरकार की सेवा की थी, दिल्ली में था। जब वहाँ पर उपद्रव का आरम्भ हुआ, तो वह अपनेप्राण बचाकर वलीदादख़ाँ के यहाँ जा छिपा। परंतु, वलीदादख़ाँ ने उसको बालागढ़ के क़िले में 42 दिन तक क़ैद रखा। उसके पश्चात् वह वहाँ से भागकर अगस्त मास के प्रथम सप्ताह में मेरठ पहुँचा। वह अपना वृत्तांत एक पत्र में—जो उसने हांजिस साहब के पुत्र के नाम लिखा था—इस प्रकार लिखता है—

'हाजिस साहब 10 मई शनिवार के दिन दिल्ली पहुँच गए। हम दोनों मिलकर बहुत प्रसन्न हुए और उन चीज़ों के भेजने की तदवीर की, जो हमने राजा साहब के लिए खरीदी थीं। शाम के समय मैं उनको अपनी गाडत्री में सवार कराके शहर के विशालकाय भवन दिखाने के भिप्राय से ले गया। रात बड़ी प्रसन्नता से कटी। तुम्हारी और हेनरी की शिक्षा के संबंध में बहुधा बातचीत होती थी। यह बात बहुधा कही जाती थी कि वह छोटी अवस्था के होते हुए भी अपने दफ़्तर का कार्य कितने सुचारु रूप से करता है।

11 मई की मनहूस सुबह आई। एतवार के सबेरे तक सब प्रकार शहर में अमन-चैन था। उपद्रव का कोई चिह्न तक न था। कलकत्ते के समाचार-पत्र भी हमारे यहाँ आये। अकस्मात् यह भयानक समाचार सुनकर कि मेरठ के उपद्रवकारी यहाँ भी आ पहुँचे, निराशा की एक लहर दौड़ गई। यह सुनकर कि वे अत्यंत निर्दयता से ईसाइयों को क़त्ल कर रहे हैं और उनके घर जला रहे हैं, हमें और भी अधिक डर लगा। सवारों के पश्चात् पैदल सिपाही भी आ गये और वे भी दिल्ली की फ़ौज के साथ सम्मिलित होकर लोगों के क़त्ल करने और खून की नदियाँ बहाने में लग गये। जब मैं उस भयानक दिन का स्मरण करता हूँ, तो मेरा सारा शरीर काँपने लगता है। लगभग 2 बजे दिन के समय चार सिपाही बंदूकें लिए हुए दरवाज़े के सामने आकर खड्रे हो गये। यद्यपि दरवाज़ा बंद था, तथापि शहर के बदमाशोंके बहकाने से उन लोगों ने गालियाँ देना आरंभ कर दिया और कहा कि यह घर किसी ईसाई का है और इसमें एक फिरंगी आकर ठहरा है। हम मकान के मालिक और फिरंगी दोनों ही को क़त्ल करेंगे। हमारे नौकरों और मुहल्ले वालों

ने कहा कि यह घर किसी भी ईसाई का नहीं है और न कोई फिरंगी ही यहाँ आकर ठहरा है। बहुत ही नम्रता और खुशामद और कुछ रुपया देने के पश्चात् वे बदमाश चले गये।

जब तक यह तकरार होती रही और वे सिपाही चले न गये, तब तक मैं और तुम्हारे पिताजी एक तंग और अंधेरी कोठरी में, जिसके अंदर जलाने की लकड़ियाँ रखी थीं, छिपे बैठे रहे। रात्रि को हाजिस साहब को तुम्हारे चाचा के घर इस अभिप्राय से भेजवा दिया गया कि यदि वे सिपाही दूसरी बार आएँ, तो साहब को न पा सकें।

12 मई को उपद्रवकारियों ने शहर के बदमाशों से मेरे सरकारी संबंध का हाल सुनकर फिर आक्रमण किया। पहले तो उन्होंने आस-पास की दूकानों को लूटा। फिर वे ज़बरदस्ती मेरे घर में घुस आए। उन्होंने सब माल व असबाब लूट लिया और मुझको बंदी कर लिया और कहा कि इंग्लैंड हो आने के कारण तू हिन्दू नहीं रहा। और हाजिस साहब की रिश्तेदारी के कारण तू मुसलमान भी नहीं रहा। इसके अतिरिक्त तू अंग्रेज़ी सरकार का जासूस भी है। इसलिए तुझे एक बड़ी रकम पेंशन में मिलती है। इस कारण हम तुझको मार डालेंगे—यहाँ तक कि एक ने बंदूक की नली मेरे सीने पर रख दी। परंतु, औरतों के रोने-धोने, नम्रता और खुशामद और हिन्दू-मुसलमान पड़ोसियों के समझाने-बुझाने से कोतवाल शहर ने, जो अकस्मात् उधर से गुज़र रहा था, मेरे कत्ल को रोक दिया और कहा कि जाँच के बाद इसको मारेंगे।

इस घटना के पश्चात् मैं छिप गया। कभी कहीं रहता और कभी कहीं। हाजिस साहब भी चाचा के घर से मेरी मौसी के घर चले गये और थोड़े दिन वहाँ रहे। अब लोगों को संदेह हुआ कि हाजिस साहब वहाँ छिपे हैं। अब हाजिस साहब और हम लोगों की सलाह हुई कि यहाँ से भाग चलना, यहाँ घर में बंदी होने और क़त्ल कर दिये जाने से कहीं बढ़कर है। रात को आठ बजे कपड़े बदल कर साहब इस अभिप्राय से रवाना हुए कि लाहौरी दरवाज़े से किसी तरह बाहर होकर करनाल रवाना हो जाएँ; परन्तु उनका पथ-प्रदर्शक बयान करता है कि दुर्भाग्यवश उपद्रवकारियों ने उनके रंग-ढ़ंग से उनको पहचान लिया और बंदी कर लिया। बातचीत के पश्चात् सारा भेद खुल गया कि वे हिंदुस्तानी वेष-भूषा में अंगरेज हैं। अंत में हाजिस साहब ने स्वयं मान लिया कि वे कौन हैं, किसके पास और कहाँ जाते हैं। इसी सिलसिले में उन्होंने मेरा नाम भी बतला दिया।

सारांश यह कि साहब तो वहीं क़त्ल हो गए और वे अब मुझको ढूँढ़ने में लगे।

मेरे दोस्तों ने ख़िज़िर सुल्तान शाहज़ादे से सिफ़ारिश करके आज्ञा ले ली, कि मैं ताल्लुक़ेदार वलीदादख़ाँ के साथ चला जाऊँ। वलीदादख़ाँ बालागढ़ का

ताल्लुकेदार था। बालागढ़ बुलन्दशहर से दो मील के फ़ासले पर स्थित है। ख़ाँ सरकार से पेंशन पाता था और नमक-हलाल रिआया में से था और 10 जून तक राजभक्त बना रहा।

वलीदादखाँ की सवारियाँ भी दिल्ली से जा रही थीं। मैं भी उन्हीं के साथ एक अलहदा पालकी पर बैठकर शहर से बाहर निकला। खाँ ने दिल्ली में मुझसे यह वादा किया था कि वे मुझको आगरा तक पहुँचा देंगे और सरकार के राजभक्त बने रहेंगे; परंतु थोड़े से मुकामों की बदइन्तज़ामी का हाल सुनकर वह बेवकूफ़ राजभक्ति की राह से भटक गया और उसने मुझको क़ैद कर लिया।

यद्यपि मैं अत्यंत परेशान और रंजीदा था, तथापि मुण्को सदैव यही फ़िक्र लगी रहती थी कि किस तरह इस दग़ाबाज़ की कैद से छूटूँ। राव गुलाबसिंह सरकार का एक ख़ैरखाह और अमीर ताल्लुक़ेदार गूजर था। वह वलीदादख़ाँ का भी दोस्त था। मैंने उसको लिख भेजा कि कृपाकर आप मुण्को वलीदादख़ाँ के पास से अपने पास बुला लें। राव साहब ने कृपापूर्वक अपने मंत्री को उसके पास इस कार्य के लिए भेजा; परंतु उसने मंजूर न किया।

इसके पश्चात् मैंने एक और मित्र कोआगरा में लिखा कि तुम बीस सिपाही नौकर रखकर बालागढ़ आओ और मुझको छिपे-छिपे क़ैद से छुडत्र ले जाओ; परंतु उनके पास न तो रुपया ही था और न वे सिपाही ही इकट्ठा कर सके। इस कारण वे कुछ भी मदद न दे सके।

अब हमें कोई आशा न थी; केवल ईश्वर पर भरोसा था। यह धारणा थी कि जिसने अब तक जान बचाई है, वह अब भी रक्षा करेगा।

29 जुलाई को गोरा फ़ौज के थोड़े-से सिपाही आए और उन्होंने उपद्रवकारियों की फ़ौज को हापुड़ में हराया। इस हार से क़िले के लोग बहुत ही डर गये और उनके होश-हवास उड़ गए। मैं 30 तारीख की सुबह को क़ैदख़ाने से निकल कर बुलंदशहर भाग गया।

इसके थोड़े दिन पीछे लपट साहब ने (जिनसे मेरी पहले भी मुलाकात हो चुकी थी) मेरे भागने का हाल सुनकर डनलॉप साहब के साथ मीठी शब्दावली से परिपूर्ण एक चिट्ठी लिखकर रवाना की और विलसन साहब के रिसाले के थोड़े-से सवार मेरे लेने के लिए रवाना किए।

मेरठ में विलियम साहब ने मुझपर बडत्र कृपा की थ और बड़ी खातिर की। साहब बहुत ही अच्छे और उदार अफ़सर हैं। साहब की आज्ञा के अनुसार मैंने बालागढ़ के क़िले का नक़्शा और उपद्रवकारियों के हाल लिखकर दे दिये।'

दसवीं कहानी

एक मेम साहब, जो सिकंदरसाहब के खानदान से हिंदुस्तानी पोशाक पहनकर मेरठ चली गई थीं, दिल्ली के उपद्रव का हाल इस प्रकार बयान करती हैं—

'दरियागंज में जितने भी ईसाई थे, वे सब-के-सब उपद्रव वाले दिन एक कोठे पर जमा हुए और तीन-चार दिनों तक वहीं रहे। जब सिपाहियों ने देखा कि बंदूक के ज़ोर से वे उस स्थान से नीचे न उतरेंगे, तो वे एक नौपती तोप लाए। उसके एक गोले ने सब कंडक्टर स्टल साहब काकाम तमाम कर दिया। जब तक ये लोग कोठे पर रहे, खाने-पीने की कोई चीज़ उनके पास नहीं पहुँची। छोटे-छोटे बच्चे भूख-प्यास से बिलख रहे थे। इन जल्लादों ने उन बच्चों से कहा कि यदि तुम नीचे उतर आओ, तो हम तुमको खाना पानी देंगे; परंतु जब वे नीचे उतरे, तो उन्होंने उनके क़त्ल का संकेत किया और सब नन्हें बच्चों को क़त्ल कर डाला। फिर थोड़ी देरके बाद उन्होंने क़त्ले-आम की आज्ञा दे दी। इस उपद्रव में जो लोग क़त्ल हुए, उनमें से थोड़ों के नाम इस प्रकार हैं—मैगज़ीन के तीन कंडक्टर और उनके बाल-बच्चे, मिसेज़ प्राइस साहब और उनके बाल-बच्चे और दो नवासे, मिसेज़ रेली और उनके दो बच्चे, आयूस साहब की मेम इत्यादि।'

ग्यारहवीं कहानी

रोड साहब चित्रकार अपने भागने और 6 सप्ताह के सफ़र का हाल, जिस बीच में वे दिल्ली से आगरा पहुँचे थे, इस प्रकार बयान करते हैं—

'मैं जी. लोल साहब रेलवे इंजीनियर और एच. स्पेंसर साहब और कमिंग साहब, रेलवे इंजीनियर के बंगले पर रहता था। ये अत्यंत उदार व्यक्ति हैं। उनका बंगला दिल्ली से दो मील दक्षिण की ओर है।

सबेरे नौ बजे के लगभग हमने उपद्रव का समाचार पाया। दस बजे दो घुड़-सवार बिना घोड़ों के हमारे दरवाज़े पर आये, ठीक 12 बजे उन्होंने घर लूटा। पाँच अंगरेज़ वहाँ पर मारे गये। शहर और छावनी के तमाम बंगले उस रोज़ दिनभर जलते रहे। जिस दिन हमने शहर छोड़ा, उस दिन 2 बजे के लगभग बड़े ही भयप्रद समाचार आये। हमने रक्षा को ही बहादुरी की अंतिम सीढ़ी समझकर थोड़ा-सा ज़रूरी सामान इकट्ठा किया और बाबू को आज्ञा दी कि नौकरों को सामान के साथ रवाना कर दें। इसके पश्चात् हम लोग भी रवाना हो गये और धीरे-धीरे पक्की सड़क के किनारे-किनारे चले। हुमायूँ के मक़बरे में 150 सवार भागने वालों की गिरफ़्तारी

के लिए मौजूद थे। उनसे बचकर हम आगे बढ़े। वहाँ पर हज़ारों मजदूर काम कर रहे थे, इस कारण उपद्रवकारियों ने हमको नहीं पहचाना। जब हम बटलर साहब के बंगले पर पहुँचे, तो ज्ञात हुआ कि साहब अभी थोड़ी देर हुई चले गये। कुछ देर हम उस बंगले पर ठहरे। वहीं हमने मैगज़ीन का उड़ना देखा। उसके बाद हम बंगले से रवाना हुए और चार मील पर बटलर साहब को जा मिले। वहाँ एक बंगला था, उसमें उतरे, खाना खाया और फिर रवाना होकर फ़रीदाबाद, जो यहाँ से 6 मील पर है, पहुँच गये।

हम यहाँ पर ठहरे। चाय पील और बहुत ही चौकन्ने रहे। आधी रात के लगीाग बल्लभगढ़ का राजा हमारे पास आया और कहा कि 50 सवार तुमको ढूँढ़ने आ रहे हैं, ज्यादा अच्दा हो, यदि तुम अपने नौकरों की पोशाकें पहन लो और जल्दी मेरे क़िले में आ जाओ। मैं तुम्हारी रक्षा करूँगा। यह कहकर वह अपने क़िले में गया, जिसमें वहाँ पर कोई उपद्रव न उठ खड़ा हो। राजा ने बल्लभगढ़ पहुँचकर एक सवार भेजा कि वह हमको ले जाए। हम क़िले में पहुँचे ही थे कि वह 50 सवार भी आ गये; परंतु उनसे राजा साहब के नौकरों ने कहा कि साहब लोग आगे बढ़ गए। वह तोयह सुनकर आगे बढ़ गये और हम एक नींद लेकर दूसरे गांव की ओर रवाना हुए, जो बल्लभगढ़ से 6 मील की दूरी पर था। हमारी रक्षा के लिए राजा की फौज का एक रिसाला हमारे साथ था। इस गाँव में पाँच दिन तक एक छोटे-से मकान के कोठे पर रहे। पाँच रोज के बाद वहाँ से भी राजा साहब के विश्वासपात्र के साथ मथुरा के लिए रवाना हो गए। रास्ते में हर गाँव से बचते चले। यहाँ तक कि एक गाँव में पहुँचे, जिसका नाम अरबान था। ऊँट हाँकने वाला सीधा हमको वहीं ले गया; परंतु अकस्मात् रास्ता एक बैलगाड़ी के कारण रुका हुआ था। इस कारण हम उस रास्ते से वापस आये। चार ऊँट तो वापस आये; परंतु एक, जिस पर बेन साहब थे, पीछे रह गया। हम गाँव के बाहर ठहर कर उनकी राह देखते रहे और गाँव वाले हमारे आगे-पीछे हथियार बंद खड़े थे। इतने में बंदूक की दो आवाज़े आईं। आवाज़ें सुनते ही सब वहाँ से भागे। पहला ऊँट, जिस पर लोल साहब सवार थे, वह तो अच्छी तरह बाहर निकल गया। दूसरा, जिस पर स्पेंसर साहब थे, गिर पड़ा और उठ कर भाग गया। हमारी ऊँट भी ज़मीन पर गिर पड़ा और फिर उठ न सका। जो कोई उसके निकट जाता था, वह उसे काटने दौड़ता था। लाचार होकर उसको वहीं छोड़ा। स्पेंसर साहब और कमिंग साहब तो रास्ता छोड़कर भागे और बटलर साहब रास्ते पर भागते रहे। उपद्रवकारियों ने हमको दूर से मारना शुरू किया। अब सवेरा होने वाला था; इसलिए हमने उपद्रवकारियों का मुक़ाबिला करने की ठानी। उन्होंने जब हमको घेर लिया, तो बटलर साहब ने संधि करली। उपद्रवकारियों ने कहा कि यदि तुम अपनी बंदूकें दे दो तो हम तुमको कष्ट नहीं देंगे। इस वादे पर हमने अपनी बंदूकें उनको सौंप

दीं; परंतु इसी बीच उनमें से एक ने मेरे कंधे पर ज़ोर से लकड़ी मारी। मैंने भी लौटकर अपनी राइफल का कुंदा उसके जड़ दिया। जब हम अपनी बंदूकें देकर गाँव को वापस आ रहे थे, उस समय बटलर साहब ने अपना पिस्तौल उस आदमी से छीनकर, जिसको उन्होंने दिया था, वापस रास्ते की राह ली। इसी बीच में एक व्यक्ति ने मेरे सिर पर तलवार का वार किया। मैंने कहा—जो कुछ मेरे पास है ले लो। मेरे पास 150) थे, वह मैंने उनको दे दिये। उसके बाँटने में उनमें आपस में तकरार होने लगी। मैंने जो पीछे मुड़ कर देखा, तो बटलर साहब नौ दो ग्यारह हो गये थे और कोई भी उनका पीछा नहीं कर रहा था। इतने में एक मनुष्य दौड़ कर आया और बड़े जोर से तलवार मेरे सिर पर मारी, जिसके कारण मैं ज़मीन पर गिर पड़ा; परंतु तलवार कुंद थी; इस कारण कोई ज़ख़्म न आया। मैंने जमीन पर गिर कर सांस रोक ली और औंधे मुँह छाती के बल पड़ा रहा, जिससे वे समझे कि मैं मर गया। उन लोगों ने मेरे कपड़े, जूते, सिगरेट बक्स आदि सब कुछ उतार लिया और आपस में तकरार करने लगे। सिगरेट-बक्स में 3) थे। एक ने कहा कि यह मैं लूँगा। असबाब बाँट लेने के बाद वे मेरे इर्द7गिर्द खड़े हो गये और थोड़ी देर तक वह गीत (मरसिया) गाते रहे, जो मुरदे के बारे में गाया जाता है। वे कभी-कभी मुझको लात भी मार देते थे। एक ने इस विचार से कि देखें यह ज़िंदा है या मरा, मेरी गरदन पर पाँव रखा और उठाकर जमीन पर पटक मारा; परंतु मैंने भी ऐसी सांस साधी कि उनको न मालूम हो सका कि मैं ज़िंदा हूँ। मैंने अपना सारा शरीर पत्थर की तरह कड़ा कर लिया। एक आदमी ने फिर मेरी गरदन के नीचे पैर डाल कर मुण्को सीधा कर दिया और मेरी छाती पर हाथ रखा। उस समय मैंने साँस लेना बिल्कुल बंद कर दिया और जब उसका हाथ मेरे दिल पर आया, मैंने साँस नहीं ली। इसके बाद शोर हुआ; परंतु मैं उसका मतलब बिल्कुल न समझ सका। थोड़ी देर के बाद एक आँख जो मैंने चुपके से खोली, तो मुझे कोई भी न दीख पड़ा। उस समय मैं उठा; परंतु बहुत-सा खून निकल जानेके कारण में इतना शक्तिहीन हो गया था कि मुश्किल से चल सकता था। परंतु,लाचार होकर गिरता-पड़ता भागा ही था कि हथियारबंद सिपाहियों का एक गिरोह दीख पड़ा। वे आपस में कुछ बातचीत कर रहे थे। मुझे देखकर उन्होंने संकेत से कहा कि यहाँ से चले जाओ। उनमें से एक व्यक्ति मेरे पास आया और मेरी विनय और इच्छा के अनुसार मुझको एक कूएँ पर ले गया। वहाँ मैंने पानी पिया। उस आदमी ने मुझको एक सीधा और साफ़ रास्ता बताकर वह खुद मेरे साथ चला और कहा कि खून से लथ-पथ अपने कपड़े मुझको दे दो, मैं इनको धो लाऊँ। इस बहाने से उसने मेरी बेस्टकोट, जिसमें बहुमूल्य बटन और सोने की जंजीर लगी थी, उतरवा ली और चाहा कि मुझे मारे; परंतु मैंने उसको भलीभाँति समझा दिया कि मैं विलायत का मनुष्य हूँ। मैंने उसको पृथ्वी पर दे पटका और आगे बढ़ा; परंतु धूप की तेज़ी

के कारण मुझमें ताकत न थी। मैंने कमजी हिन्दस्तानी कपड़ों के नीचे से निकाल कर अपने सिर पर रखी और इस प्रकार दो या तीन मल चला था कि दो-तीन मनुष्य लट्ठ लिए हुए मेरे पास आये और मुझे धमकाने लगे। मैंने उनसे स्पष्ट रूप से कह दिया कि यदि तुम मुझको मार डालोगे, तो भी तुम्हें कुछ नहीं मिलेगा; क्योंकि मेरे पास कुछ नहीं है; परंतु, यदि तुम मुझको बल्लभगढ़ पहुँचा दोगे, तो 100) मिलेंगे। और यदि आगरा पहुँचा दोगे, तो 300) दूँगा। यह सुनकर उन लोगों ने थोड़ा-सा पानी पिलाया और छोड़ दिया। इसके पश्चात् एक अत्यंत भयानक मनुष्य खेतों से दौड़ता हुआ और हल्ला मचाता हुआ मेरी तरफ आया। मैं उसको देखकर खड़ा हो गया। उसने मेरे सिर से कमीज़ उतार ली और मारने को ही था कि मैंने हाथ उठाकर कहा कि मेरे पास एक कौड़ी भी नहीं है। हाँ, मैं बल्लभगढ़ तक के 100) और आगरेतक के 300) दे सकता हूँ; परंतु उसको इसबात पर विश्वास न हुआ कि बल्लभगढ़ का राजा हमारा मित्र है। इसी बीच में और गाँववाले भी आये। उन लोगों ने कहा कि दो अंगरेज़ एक दूसरे गाँव में, जो यहाँ से निकट ही है, आये हैं। उन मनुष्यों ने मुझे पानी पिलाया और उस गाँव में पहुँचा दिया। वहाँ स्पेंसर साहब और कमिंग साहब मौजूद थे और ईश्वर की ऐसी कृपा थी कि रास्ते में उनको कोई उपद्रवकारी भी नहीं मिला था। उन दोनों साहबों से मिलकर मैं बहुत प्रसन्न हुआ। स्पेंसर साहब ने कृपापूर्वक मेरे ज़ख्म धोये। दोनों साहबों ने गाँव के नंबरदार से कहा कि यदि तुम हमें आगरे पहुँचा दोगे, तो प्रति मनुष्य 500) देंगे। बहुत-कुछ कहने-सुनने के बाद भी नंबरदार ने इंकार कर दिया और उसने बंदूकें और 300) छीन लिए। उसी समय हमारे पास माइकेल साहब की एक चिट्ठी पहुँची। उन्होंने हमें बुलाया था और लिखा था कि पत्रवाहक के साथ चले आओ; क्योंकि यह गाँव राजभक्त है। पूछने पर मालूम हुआ कि वह गाँव यहाँ से दो कोस पर है। वहाँ से रवाना होकर हम माइकेल साहब के पास पहुँचे। वहाँ सब लोग सायंकाल तक ठहरे। हमारे पथ-प्रदर्शक ने हमको यह सलाह दी कि यहाँ से एक दूसरे गाँव को, जो 6 मील की दूरी पर है, चलना चाहिए; क्योंकि वह गाँव बड़ा है और उसके निवासी अच्छी तरह हमारी रक्षा कर सकते हैं। हम उसके कहने के अनुसार दूसरे गाँव में चले गये और वहाँ 9 दिनों तक रहे। यद्यपि इस बीच में मेवातियों ने उस गाँव वालों को बहुत कुछ डराया-धमकाया कि हम तुम्हारे गाँव पर आक्रमण करेंगे; परंतु उन लोगों ने इस बात की कुछ भी परवाह न की। उस समय हम सबको विश्वास हो गया कि यदि हम उस छोटे गाँव में रहते, तो सब-के-सब क़त्ल कर दिये जाते। इसके पश्चात हमें और ज्यादा इत्मीनान हुआ कि फ़ोर्ड साहब मैजिस्ट्रेट गुड़गाँव ने हाड़ल नामक स्थान से भरतपुर की फ़ौज का अगला भाग हमारी रक्षा के लिए भेजा है। हम साहब के पास पहुँच गए और उनके पास हम बड़े चैन से रहे। हम वहाँ पर बहुत दिनों तक ठहरे। दिल्ली-विजय का

समाचार सुनने के लिए हम बड़े ही उत्सुक थे। इसी बीच में मथुरा में भी उपद्रव आरंभ हो गया। जो सिपाही हमारे साथ थे, उन्होंने भी उपद्रवकारियों का साथ दिया। हमसे कहा कि यहाँ से चले जाओ। इसके पश्चात् हम डाडी साहब के साथ अत्यंत आराम के साथ हाड़ल से 26 जून को आगरे चले गये।

माइकेल साहब ने हाड़ल से रवाना होने के पहले राजा बल्लभगढ़ से 200) नगद और सवारी के लिए घोड़े लिए थे। मगर सवारों के हिसाब से एक घोड़ा कम था। फिर भी राजा साहब ने कृपा की। (इस राजा को दिल्ली-विजय के पश्चात् फाँसी दी गई थी।)

बारहवीं कहानी

19वीं अगस्त को मेसन साहब की मेम साहब दिल्ली के फ़ौजी कैम्प में स्वात निवासी एक ग़ाज़ी के साथ आईं। यद्यपि शहर से दो ग़ाज़ी उनके साथ चले थे; परंतु एक को उपद्रवकारियों ने बंदी कर लिया था। मेम साहब अफ़गान लड़कों का वेष बनाकर भागी थीं। मेम साहब दिल्ली में उपद्रव के आरंभ अर्थात्—11 मई से 19 अगस्त तक 3 महीने बंदीगृह में रही थीं। उनका एक बच्चा उनकी गोद में गोली से मारा गया था और वही गोली मेम साहब को भी लगी थी। ज़ख़्मी होने के पश्चात् उक्त दोनों ग़ाज़ियों ने उनकी रक्षा भी की थी।

फ़ौजी कैम्प में आने से पहले एक रात्रि में मेम साहब किसी तरह अजमेरी दरवाज़े से बाहर निकल कर घास में छिप रहीं। सबेरे उनहोंने ग़ाजियों में से एक को भेजा कि जाकर देखे कि अंगरेज़ी फ़ौज सब्ज़ीमंडी में है कि नहीं। वह देखकर गया और सारा हाल बयान किया। मेम साहब यह सब हाल सुनकर वहाँ से रवाना हुईं और जितना भी तेज़ चल सकीं, चलकर कैम्प में आ गईं। रास्ते में वैरियों ने एक ग़ाज़ी को गोली से मार डाला। उन्होंने दूसरे ग़ाज़ी और मेम साहब का भी पीछा किया; परंतु जब वह हमारी गोली के निशाने पर पहुँचे तो उपद्रवकारियों ने एक पग भी आगे न बढ़ाया और ग़ाज़ी व मेम साहब ने कुशल-पूर्वक सब्ज़ीमंडी पहुँच कर ईश्वर को अनेकों धन्यवाद दिए।

मेम साहब की दशा अत्यंत शोचनीय थी। हमारे बहुत से सिपाही उनका हाल देखकर बहुत रोए। उनके कूलेपर ज़ख़्म था और उनका अंगूठा बिल्कुल घिस गया था; क्योंकि बंदीगृह में उनके अंगूठे को कसकर एक जगह बाँध दिया गया था। हमारे सिपाहियों ने उनकी ख़ातिर की। कोई पानी लाया, कोई शराब, कोई रोटी लाया और कोई मांस; परंतु मेम साहब ने कमज़ोरी के कारण न कुछ खाया

और न पिया। थोड़ी देर तक वे उनके इर्द-गिर्द जमा रहे और भिन्न-भिन्न प्रकार के प्रश्न करते रहे। यहाँ तक कि मेम साहब दिक हो गईं; परंतु मेम साहब ने सब सवालों का संक्षिप्त उत्तर दे दिया। अंत में कप्तान हेली साहब आ गये और उन्होंने मेम साहब को एक डोली मँगवाकर उसमें सवार किया और उनको अत्यंत सुरक्षित अवस्था में कैम्प में भेज दिया। वहाँ उनको एक पृथक् ख़ीमा दिया गया और सारी आवश्यक वस्तुएँ वहाँ एकत्र कर दी गईं। शहर से भागते समय उनके पास एक पुराना मैला कपड़ा था, जिसे उन्होंने अपने शरीर में लपेट लिया था। एक टुकड़ा और था जो उनके सिर पर लिपटा हुआ था। न हाथों में दस्ताने थे और न पाँवमें जूती; केवल एक फटी-पुरानी हिन्दुस्तानी जूती थी। सच तो यह है कि मेम साहब की दशा इससे ज़्यादा खराब नहीं हो सकती थी।

तेरहवीं कहानी

जेम्स मोरली साहब, जिनकी जीवन-रक्षा एक हिन्दुस्तानी नौकर द्वारा हुई थी, अपने भागने का हाल इस प्रकार बयान करते हैं–

'मैं और मेरे मित्र विलियम क्लार्क साहब एक दुमंज़िले मकान में, जो काश्मीरी दरवाज़े नामक मुहल्ले में था, रहते थे। हम दोनों की शादी भी हो गई थी और तीन बच्चे भी थे। क्लार्क साहब के भी एक बच्चा था और उनकी स्त्री गर्भिणी थी।

11 मई को सबेरे 8 बजे के लगभग मैं दफ़्तर जाने के लिए तैयार था कि बाज़ार में एक शोर हुआ। इसी बीच में मेरा नौकर आया और उसने कहा कि थोड़ी रेजिमेंट अपनेअंगरेज़ अफसरों को क़त्ल करके मेरठ से यहाँ शहर में आ गई हैं। हमारी समझ में कुछ भी न आया कि अब क्या करना चाहिए। बग्घी भी वापस कर दी। हम दो-तीन घंटे मकान पर और ठहरे रहे कि इतने में एक और नौकर ने आकर कहा कि बदमाश लोग जमा होकर अंगरेज़ों को क़त्ल कर रहे हैं।

यह सुनकर मेरी पत्नी तथा बच्चों ने रोना-धोना आरंभ किया। कुछ नौकर दरवाज़े पर जाकर खड़े हुए और उनमें से एक ने कहा कि चलो मेरे मकान में चल कर छिप रहो। मगर मेरा विचार था कि मैं बाहर जाकर देखूँ कि क्या हो रहा है। मैं एक सोटा हाथ में लेकर गली में गया, वहाँ कोई दिखाई न पड़ा। मैं और आगे बढ़ा। वहाँ भी कोई न था। अंत में इस गली को पार करके हम दूसरे मुहल्ले में गये। उसमें भी कोई आदमी न था; केवल एक बूढ़ा आदमी दूकान पर बैठा था। मैं थोड़ी देर वहाँ ठहरा, तो सीधे हाथ की ओर मनुष्यों का एक समूह

।दखाई दिया। वह मुझसे दूर था और कोलाहल के अतिरिक्त और कुछ समझ में न आता था। मैं इस विचार से कि वे मेरे ही मकान पर आयेंबे, वहीं थोड़ी देर तक खड़ा रहा और उनको देखता रहा। उसके बाद एक हल्ला पीछे से सुनाई दिया। मुड़कर देखा, तो एक समूह मेरे दरवाज़े के भीतर जा रहा था और मुझको देखकर उन्होंने कुछ आदमियों को मेरी ओर भेजा। यह देखकर मैं तुरंत ही बाईं ओर जो एक दूसरा रास्ता जाता था, वहीं घुस गया। यहाँ से एक रास्ता बहुत फेर से मेरे मकान की ओर भी जाता था। इस दरवाज़े पर कुछ औरतें और एक या दो आदमी खड़े थे; मगर उन्होंने मुझसे कुछ नहीं कहा। मैं वहाँ से भी आगे भागा। अधिक दूर न गया था कि दो आदमी एक और गली से भागते हुए निकले और मेरी ओर यह कहते हुए आये कि मारो फिरंगी को। इनमें से एक के हाथ में तलवार थी, दूसरे के पास लाठी। जब वह निकट आये, तो मैं भी ठहरा और तलवार वाले को मैंने एक ऐसा सोंटा सिर पर मारा कि वह ज़मीन पर गिर गया। इस बीच लोग वहाँ जमा होने लगे और मैं वहाँ से भी रवाना होकर एक व्यापारी की दूकान पर पहुँचा। वहाँ बहुत-सी गाड़ियाँ खड़ी थीं और एक गाड़ी की छत टूटी हुई ज़मीन पर पड़ी थी। इसमें मेरे लिए काफ़ी जगह थी, मैं इसमें घुसकर बैठ गया। इस अंतर में चार-पाँच आदमियों कोयह कहते हुए सुना कि 'इधर ही तो गया है।' मैं मारे डरके ज़रा भी आराम से न बैठ सका। इनके जाने के थोड़ी देर बाद फिर वहाँ कोई न था और न उधर से कोई आदमी ही निकला।

अब मुऐ अपने और क्लार्क साहब के बीबी-बच्चों का ध्यान आया। मैं अपने मन में सोचता था कि क्या वे सब मारे गए। यह ध्यान आते ही मैंने अपने मन में कहा कि जो कुछ हो, मुझे घर न जाना चाहिए। इस विचार नेमुझे पागल बना दिया। अभी इन्हीं भ्रांतियों में घिरा हुआ था कि दुबारा इसी रास्ते में एक ज़ोर का कोलाहल उठा और एक बड़ा भारी समूह दुंद मचाता और अंगरेज़ों को गालियाँ देता उधर से निकला। इसी बीच दो-तीन औरतें घरों से निकलकर उस छत के पास आ खड़ी हुईं। उनकी गोद में एक बच्चा भी था। बच्चा उसके नीचे (छत को) झाँकने लगा कि किसी ने कोठे से पुकारा कि भीतर आके दरवाज़ा बंद कर लो। मैं वहाँ बहुत देर तक छिपा रहा; क्योंकि यह बाज़ार बहुत चलता था। मैंने सोचा कि इसमें हर जगह आदमी मिलेंगे; मगर दुबारा मुऐ अपनी बीबी-बच्चों का ध्यान आया और मैंने निश्चय कर लिया कि कुछ भी हो, मुऐ घर अवश्य जाना चाहिए। परिणाम यह हुआ कि मैं बाहर आया और अभी निकला ही था कि एक औरत ने कहा कौन है? मैंने कुछ उत्तर न दिया और वहाँ से चल दिया। यह गली बीच शहर में स्थित न थी; बल्कि शहरके प्राचीर के निकटतर थी। इसमें बनिये-बक्काल न रहते थे; बल्कि बंगाली रहते थे। जितने भी बदमाश थे, वे सब शहर लूटने गये थे। मुझे इस रास्ते में केवल दो आदमी मिले, वे मुझे जानते थे।

उन्होंने कहा क अपनेको बचाओ। सारांश यह कि मैं अपने मकान के पिछवाड़े तक पहुँच गया। यहाँ एक बाग़ था, मैं एक खिड़की से होकर भीतर गया। उस समय चार बजे थे। मैंने बंदूकों की आवाज़ें सुनी थीं और साथ ही एक बहुत ज़ोर का धमाका और भूचाल-सा भी आया जो बाद में मालूम हुआ कि मेगज़ीन उड़ाया गया था।

वीभत्स मर्मस्पर्शी दृश्य

अंत में मैं अपने बाग़ के भीतर आया, तो सन्नाटा-सा छाया हुआ था। मकानके निकट पहुँचा तो कुर्सियाँ और पुस्तकें टूटी-फूटी अस्त-व्यस्त दशा में फैली हुई थीं। कपड़ों के ढ़ेर जल रहे थे, जिधर नौकर रहते थे उधर गया; मगर वहाँ कोई आदमी दिखाई न दिया। पशु-गृह की ओर कुछ रोने का-सा शब्द सुनाई दिया। वहाँ जाकर देखा कि हमारा पुराना धोबी, जिसने बीस बरस तक मेरे पिता की सेवा की थी, पड़ा है। मैंने उसका नाम लेकर पुकारा, तो उसने आँखें खोलीं और मुझको देखकर रो-रोकर कहने लगा कि साहब उन्होंने सबको मार डाला। यह सुनते ही मेरी संज्ञा लुप्त-सी हो गई। मैं अचेत-सा होकर बैठ गया। धोबी से मैंने पानी माँगा। उसने अपने घर से लाकर दिया। पानी पीने के पश्चात् मैंने उससे पूछा कि क्या हुआ और क्योंकर हुआ। पहले तो वह खूब रोया, फिर कहा कि साहब जब तुम चले गये, तो दोनों मेम साहब और बच्चे एक स्थान में भय के मारे बैठ गये; क्योंकि गली-कूचीं में बहुत कोलाहल हो रहा था और बंदूकों की आवाज़ें भी आती थीं। यह दशा देखकर क्लाक्र साहब ने अपनी शिकारी बंदूक निकाली और उसे भरा। मैंने उनसे कहा कि अगर आप कहें, तो दरवाज़ा बंद कर लूँ; मगर उन्होंने उत्तर दिया कि नहीं, हमकों कुछ भय नहीं है। इसके बाद एक बड़ा भारी झुंड लाठियाँ, तलवारें और बरछियाँ लिए हुए अहाते के भीतर आ गया। क्लार्क साहब ज़ीने पर खड़े थे। उन्होंने उनसे पूछा कि तुम क्यों आये हो और क्या चाहते हो? उन लोगों ने गालियाँ देने के अतिरिक्त और कुछ उत्तर न दिया और कहा कि हम प्रत्येक फ़िरंगी को मारेंगे। साहब यह सुनकर भीतर चले गये और दरवाज़ा न बंद किया। इनके पीछे वे सब लोग भी अंदर घुस आये। नौकर सब भाग गये। अकेले मैं रह गया। जब वे सब अंदर आ गये, तो क्लार्क साहब ने कहा कि ये सब चीजें, मौजूद हैं, इन्हें ले जाओ, हमको न मारो; लेकिन उन्होंने साहब को गाली देकर और उनकी मेम की तरफ़ देखकर कहा क्या यह तुम्हारी मेम है? यह कहकर खूब हँसे और अब उन्होंने सब असबाब को तोड़ना-फोड़ना और लूटना प्रारम्भ कर दिया। हमारी मेम साहब ने तीनों बच्चों को लेकर स्नानागार में जाकर दरवाज़ा बंद कर लिया था। क्लार्क साहब मेरे पीछे बंदूक लेकर खडे हो गये। उन लोगों ने बंदूक

देखी, तो कहा कि यह हमको दे दो। उनमें से एक व्यक्ति मेम साहब के पास गया और उनके गालों को दूकर कुत्सित बातें कहने लगा। क्लार्क साहब यह देखकर चिल्लाये और कहा कि 'ओ! सूअर' और उसको गोली से मार दिया। दूसरे को दूसरी गोली से घायल करके बंदूक की नाल से मारने लगे। यह देखकर मैंने समझा कि अब ये लोग सब को मार डालेंगे। मैं भागकर स्नानागार की ओर गया कि मेम साहब को निकाल ले जाऊँ; किंतु वहाँ भी बहुत से लोग जमा थे। उन्होंने मुझे मारा और कहा कि यहाँ से भाग जाओ, नहीं तो हम तुमको मार डालेंगे। मैं विवश होकर बाग में एक वृक्ष की आड़ में जा बैठा। वहाँ से मैंने पहले तो बड़ा भारी शोर-गुल सुना,उसके बाद देखा कि वे लोग सब मालमता निकाल-निकाल कर चारों ओर फेक रहे हैं। उन लोगों ने दरवाज़ों के शीशे भी तोड़ डाले और फिर वे सब चले गये।

यह सुनकर थोड़ी देर तक तो मैं संज्ञा-विहीन-सा हो गया। फिर मैंने उठकर धोबी से कहा कि चलो भीतर चलें। मकान में जाकर बाहर से कमरे में देखा कि अनेक वस्तुएँ टूटी पड़ी हैं। मेज़ें कुल्हाड़ियों से तोड़ी गई थीं और सब वस्तुएँ फ़र्श पर बिखरी पड़ी थीं। मुरब्बे और अचार के ढ़ेर लगे थे, बिस्कुट सर्वत्र फैले थे और ब्रांडी इत्यादि शराब की बोतलें टूटी हुई पड़ी थीं। उनकी बदबू सर्वत्र फैल रही थी।

यह समस्त घटना मेरे हृदय पर अंकित है और ऐसे अवसरों पर प्रत्येक व्यक्ति के मन में जो-जो कुभावनाएँ और कुत्सित संदेह उदय होने लगते हैं, वे ही भयप्रद शंकाएँ मेरे मन को भी कुरेद रही थीं। इसी संदेह और भय से मैं देर तक इस कमरे में रहा और इधर-उधर देखता रहा। अंत में धड़कते हुए हृदय को दृढ़ करके मैं दूसरे कमरे में गया। वहाँ जो कुछ दृष्टिगत हुआ, वास्तव में उसे देखने के लिए अत्यंत दृढ़ हृदय होना चाहिए। वहाँ प्रवेश करते ही मेरा हृदय अतीव भय और घृणा से भर गया। सामने जो दृष्टि गई, तो क्लार्क साहब का बेटा दीवाल पर एक मेख़ से लटका हुआ था। उसका सिर नीचे था और लहू के फ़व्वारे जारी थे। अफसोस! यह हृदय-विदारक अमानवीय अत्याचार उन्होंने माँ के सम्मुख किया होगा। वह भय या वह दृश्य देखकर मैंने अपनी आँखें बंद कर लीं। मेरा शरीर काँपने लगा। जब डरते-डरते दुबारा मैंने आँखें खोलीं, तो उससे अधिक घृणोत्पादक तथा रोमांचकारी दृश्य देखना पड़ा। क्लार्क साहब और उनकी मेम दोनों एक ही पार्श्व में पड़े थे और अब मैं यह वर्णन न करूँगा कि यह दृश्य कितना अधिक भयंकर और करुणोत्पादक था; क्योंकि यह मैं पहले ही बता चुका हूँ कि क्लार्क साहब की मेम गर्भवती थीं और अत्यंत निकट ही में उनके संतान होने वाली थी। मैं चीखने की आवाज़ सुनकर तीसरे कमरे में गया और वहाँ देखा कि धोबी विचारा हाथ मल-मल कर रो रहा है। वह स्नानागार के दरवाज़े पर खड़ा था। मैं दौडकर

स्नानागार तक गया; किंतु अंदर न जा सका; क्योंकि वहाँ वह दशा थी कि दुश्मन को भी देखना नसीब न हो। मैं तो उसकी कल्पना भी नहीं कर सकता कि क्लार्क साहब की भाँति मैं अपनी पत्नी को भी देखूँ। मैं बदहवास होकर दोनों हाथ घुटनों पर रखकर बैठ गया। मुझे इस समय रोना भी न आता था। ऐसा प्रतीत होता था कि हृदय पर एक पहाड़ स्थित है, जो आँखों तक आँसुओं को नहीं आने देता। मुझे मालूम नहीं कि मैं कितनी देर तक वहाँ बैठा रहा। अंत में धोबी ने आकर कहा कि इधर आदमी आते-जाते हैं। अब यहाँ रहना उचित नहीं। वही पकड़कर मुझे अपने घर ले गया। अब शाम हो गई थी और अँधेरा फैल गया था। ध्यान आया कि संभवतः नौकर लौट आये हों; किंतु मुझे अब किसी पर विश्वास न रह गया था।

धोबी ने मुझसे कहा कि आज रात को मैं तुमको अपने भाई के यहाँ ले जाऊँगा, जो शहर के दूसरी ओर रहता है और कोई ऐसा उपाय निकालूँगा कि तुम भी किसी प्रकार शहर से बाहर निकल जाओ। हम और तुम करनाल चलेंगे। मैं उसके घर के भीतर जाकर लेट रहा और वह दरवाज़े पर बैठा रहा। थोड़ी देर भी नहीं बीती थी कि बदमाशों का एक समूह अंदर आया। वे लोग खूब उठा कर हँसे, चीखे और चिल्लाये और फिर खिड़की से होकर बाहर चले गये। मैंने स्वयं सुना कि उनमें से एक व्यक्ति ने कहा—क्या खूब तमाशा है!

मेरे नौकर भी वापस आ गये थे और इस घटना की बातें आपस में करने लगे। मुझे इसकी बहुत प्रसन्नता हुई कि उन्होंने मुझको निहत व्यक्तियों में समझ लिया था। एक व्यक्ति ने कहा कि मेम साहब और बच्चों का रक्तपात अत्यंत ही बुरा और हेय है। अब काम-धंधा कहाँ मिलेगा; किंतु दूसरे ने तुरंत ही उत्तर दिया कि वे लोग काफ़िर थे। अब दिल्ली का बादशाह हमारी परवरिश करेगा।

मैं आधी रात बीते अत्यंत धीरे से बाग़ में गया और धोबिन की कुरती पहनकर ओढ़नी ओढ़कर बाहर निकला और नियत स्थान पर पहुँचकर धोबी से मिला। वह मुझे साथ लेकर अपने भाई के मकान पर गया। मार्ग में प्रत्येक स्थान पर खलबली मची हुई थी। मेगज़ीन की ओर से एक तीव्र ज्वाला उठ रही थी और प्राचीर के बाहर बंदूकें चल रही थीं। जब मैं धोबी के भाई के मकान के निकट पहुँचा, तो धोबी ने कहा कि तुम चुपचाप एक कोने में खड़े रहो। मैं भीतर जाकर देखूँ कि कौन-कौन हैं। यहबात मेरे भाग्य के लिए अच्छी सिद्ध हुई; क्योंकि बाद में मालूम हुआ कि धोबी का भाई हमारे क़त्ल से प्रसन्न हुआ कि अब सब कपड़े उसके पास रहेंगे। यदि मैं भीतर चला जाता, तो वह कदापि हमारे बचानेका प्रयत्न न करता; बल्कि वह तो हमारे क़त्ल पर उद्यत था। मैं इस कोने में बहुत देर तक खड़ा रहा। बहुत से आदमी उधर से निकलते थे। यदि उनको ज़रा भी ख़बर हो जाती कि एक फ़िरंगी उनके निकट मौजूद है, तो ईश्वर जाने क्या-क्या

अपमान सहन करने पड़ते। मैं समस्त जीवन शहर में रहा हूँ। मुझको बहुधा लोग जानते थे; इसलिए भय था कि मेरे ओढ़नी पहनने के कुढ़ंग से कोई मुझे पहचान न ले। इसी सोच-विचार में थोड़ी देर बैठा रहा। अब सुबह होने लगी और इस विचार से कि अब परदा खुल जायेगा और भी अधिक आशंका हुई। अंत में धोबी निकला। उसके आगे-आगे एक बैल कपड़ों से लदा हुआ जा रहा था; किंतु वह मेरी ओर न आया, बल्कि सामने एक दूसरी गली में चला गया। यह देखकर मुझे दुःख हुआ कि देखो यह भी मुझे छोड़ चला! खैर, जो भाग्य में है वह होगा; परंतु जब उसकी सेवा और ईमानदारी का ध्यान हुआ, तो हृदय ने कहा कि यह इस कारण मेरी ओर नहीं आया कि किसी को मेरे ऊपर संदेह न हो। यहाँ तक कि धोबी दूर निकल गया। उस समय मैं उठा और उसके पीछे हो लिया। वह आगे-आगे जाता था और मैं कुछ पीछे-पीछे जाता था। यहाँ तक कि हम उस गली से बाहर निकल आये, जिसमें उसका भाई रहता था। इसके बाद वह ठहर गया और संकेत से मुझे बुलाया। मैं उसके पास गया। उसने कहा कि मेरा भाई बेईमान है। वह कभी तुमको न बचाता और मैं इस बहाने से निकल आया हूँ कि ऐसे समय शहर में रहना उचित नहीं, जब कि चारों ओर शहर में उत्पात मच रहा है। मैं तो यहाँ नहीं रहूँगा और गाँव जाता हूँ; अतः हम दोनों शहर के प्राचीर से बाहर निकल आये और किसी ने हमको न रोका। हम सड़क के मार्ग से तीन मील के लगभग गये होंगे कि धोबी ने सलाह दी कि अब करनाल जाना उचित है। करनाल का मार्ग वहाँसे दूर था और हमें समस्त शहर का चक्कर काटकर वहाँ पहुँचना था। अंत में हम उसी ओर रवाना हुए। मार्ग में हमें बहुत-से आदमी मिले; मगर कोई न बोला। हम धीरे-धीरे चल रहे थे और शाम होते-होते करनाल के मार्ग पर आ पहुँचे। यहाँ मामला कुछ और था। जो लोग करनाल जाते थे, उनकी तलाशी ले ली जाती थी। हमको उपद्रवकारियों ने घेर लिया और कहने लगे कि यह बूढ़ा आदमी बड़ा ही चतुर है, लूट का माल लिए जाता है। धोबी ने झट उनसे कहा कि मेरा बोझ देख लो। जब उन्होंने देख लिया और कुछ न पाया, तो हम लोगों को छोड़ दिया। अब मैंने धोबी से कहा कि आगे यदि उपद्रवकारियों का झुंड मिले, तो पहले ही से कहना चाहिए कि जाओ फिरंगियों को लूटो और उक्त उपद्रव, सर्वनाश और रक्तपात की घटना का ज़िक्र हँसी-मज़ाक से करना चाहिए; अतः अब आगे उसने ऐसा ही किया, जिसके कारण फिर किसी ने हम पर संदेह नहीं किया।

दूसरे दिन हम बहुत सवेरे अंधेरे ही से बैल पर सवार होकर चल पड़े। तीसरे दिन हम हिन्दुओं के एक मंदिर के निकट ठहरे और एक पीपल के पेड़ के नीचे बैठ गये। वहाँ एक बड़ा तालाब था और एक सन्यासी वहाँ आकर ठहर गया। उसके बाद धोबी खाना लेने गया। चूँकि हवा ठंढ़ी चल रही थी, मैं सो गया। जब

धोबी खाना लेकर लौटा और मुझे जगाया तो उससे सन्यासी ने कहा कि मैं जानता हूँ कि यह फ़िरंगी है।

हमने उसकी बहुत अनुनय-विनय और प्रार्थना की और कहा कि हम पर दया करो। सन्यासी ने कहा कि जाओ, मैं किसी को दुःख नहीं देता।

अब मैं ज़नाने लिबास से तंग आ गया था और मुझे शर्म मालूम होती थी। मैंने इस विचार से कि अब तो दिल्ली से बहुत दूर निकल आये हैं, यहाँ कौन कष्ट देगा, धोबियों के मर्दाने वस्त्र पहन लिए। मार्ग में बहुधा गाँव वाले हमको गालियाँ और ताने देते थे; किंतु किसी ने हमको शारीरिक कष्ट न दिया।

मार्ग में मैंने देखा कि एक शव कुचलना हुआ पड़ा है और मैंने देखा कि एक गिद्ध बोलता हुआ उस शव की ओर उड़ा जा रहा है, तो मुझे असीम दुःख हुआ। मैं उस शव के पास गया, तो एक और नवयुवक अंगरेज़ का शव उसके पास पड़ा हुआ था, जिसकी अवस्था सोलह वर्ष के लगभग प्रतीत होती थी। उसके देखने से मालूम होता था कि उसको लाठियों से मारा है। मैंने उसे वहीं दफ़न किया; मगर कब्र नाममात्र की थी। थोड़ी-सी बालू इधर-उधर से सरकाकर शव रख दिया और वही बालू फिर उस पर डालकर दबा दिया। शोक!

मार्ग में मैंने सुना कि कुछ अंगरेज़ आगे जा रहे हैं, अतः मैंने प्रयत्न किया कि उनसे जा मिलूँ; परंतु उन तक न पहुँच सका। इस उपद्रव से पहले ही मेरी टाँग में दर्द था। अब जो गर्मी में पैदल ज़मीन पर चलना पड़ा, तो पीड़ा बढ़ गई; बहुधा मुझसे चला न जाता था, तो मैं पाँव घसीट-घसीट कर रखता था; किंतु चलना आवश्यक था। यदि ऐसा अवसर न होता, तो मैं ऐसा कष्ट कभी भी सहन न करता; परंतु प्राणरक्षा का भाव इतना प्रबल होता है कि चाहे कैसी ही कष्टप्रद और दारुण स्थिति हो, मनुष्य उसके लिए सब कुछ झेल लेता है।

दिल्ली से चलने के छः दिन पश्चात् मैं करनाल पहुँचा। वहाँ मुझे आराम मिला। चूँकि अब प्राणों की चिंता व भय जाता रहा था मुझे कुछ होश आने लगा; किंतु जब इस चिंता से छुट्टी मिली, तो बुखार ने आ दबाया और नौबत सरसाम तक पहुँच गई; किंतु अब मुझे कुछ लाभ है।

12 मई को एक फ़क़ीर मेरठ में आया। उसके साथ एक अंगरेज़ का बच्चा था, जिसको उसने यमुना में से डूबते हुए; निकाला था। मेरठ आने तक उस बेचारे पर उस बच्चे के कारण कई स्थानों पर मार पड़ी और नाना प्रकार के कष्ट दिये गये किंतु उसने बच्चे को नहीं दिया। मेरठ में आकर जब अधिकारियों को सुपुर्द किया, तो वे इस सेवा और रक्षा के बदले में उसको एक सौ रुपये की नक़द रक़म देने लगे; किंतु उसने लेने से इंकार कर दिया। परंतु, यह प्रार्थना की कि एक कुआँ उसके नाम से बनवा दिया जाए, जिससे उसका नाम अमर हो जाए। सारांश यह कि इस उपद्रव में अत्यंत ही कठोर तथा क्रूर अत्याचार किये गये।

बच्चे माँ के गर्भ से निकाले गये। नन्हें-नन्हें कोमल बच्चे तलवार और भालों की नोक पर उठाकर बाज़ारों में गर्वपूर्ण ढ़ंग से फिराये गये, स्त्रियों को नंगा करके अत्यंत घृणा तथा अपमानजनक रीति से क़त्ल किया गया और इन्हीं कारणों से ईश्वर ने उपद्रवकारियों को अपमानित तथा पराजित किया और अंगरेज़ी शासन की पुनः स्थापना की।

अफ़सरों की चिट्ठियाँ

पत्र संख्या 1

(जिसे सर हेनरी बर्नार्ड कमांडर-इन-चीफ़ ने जॉर्ज कार्निक बार्न्स के नाम जो सतलज नदी के पश्चिम में अवस्थिति रियासतों के कमिश्नर थे, 14 जून, सन् 1857 ई. को लिखा था)

कैम्प देहली के बाहर

14 जून, 1857

मेरे प्यारे बार्न्स,

मैं यहाँ से अभी तक देहली की ओर देख रहा हूँ और हर घड़ी मेरी यह आशा प्रबल होती जाती है, कि हमारी तोपें क़िले के दीवारों की तोपों को ख़ामोश कर सकती हैं और मुझे इस योग्य बना सकती हैं, कि सफलता की बात कुछ आशा रखकर और समीप पहुँचकर इस स्थान पर अधिकार कर लूँ; किंतु इन विप्लवकारियों के तोपों की भीषणता मुझे निरुत्साह किए देती हैं। यह ठीक है, कि मुऐ किसी बात का भयन नहीं है; पर इसके अतिरिक्त और कोई चारा नहीं, कि मैं अचानक और भीषण हमला कर दूँ। पर इन रौशन रातों[1] में यह काम आसान नहीं मालूम होता।

मैं केवल 6 तोपों का प्रबंध कर सका हूँ पर इनके चलाने वाले भी एक बार ही अनुभवहीन हैं। ये हैवान (विप्लवकारी) प्रायः हर रोज़ बाहर निकलते हैं और दो बार तो मैंने इन्हें ख़ासी कमीके साथ वापस भेजा है; लेकिन मेरे सिपाही भी नष्ट होते हैं और इसलिए मुझे इन्हें काफ़ी प्रोत्साहित करना पड़ता है। सच तो यह है, कि 8वीं तारीख़ से लेकर अब तक कभी ऊपर और कभी नीचे छोटी-छोटी

1 18 जून, सन् 1857 ई. वाले पत्र के नीचे "अचानक और भीषण हमले के सिलसिले में" जो नोट प्रकाशित हैं उससे प्रगट होता है कि "रौशन रातों" का अर्थ यह रातें हैं, जब कि तोप के गोलों का प्रकाश चाँदनी रात का धोखा देता था अतएव "रौशन रातों" का अर्थ "चाँदनी रात" न समझना चाहिए।

लड़ाइयाँ होती ही रहीं। वे आठवीं तारीख़ के बाद से अपनी हानियों का अंदाज़ा दो हज़ार से अधिक आँकते हैं, किन्तु मुझे संदेह होता है, कि इसमें वह संख्या भी शामिल हो, जिसका पता ही नहीं लगता।

जब आप घृणात्मक ढ़ंग से देहली के फ़सीलों (क़िले की दीवारों) की चर्चा कर रहे थे, तो मैं नहीं समझ सका कि आख़िर आप लोगों का अभिप्राय क्या था। 24 पाऊण्ड वज़नी गोला फेंकने वाली तोपें विप्लवकारियों के बुर्जों पर हर जगह गड़ी हुई हैं और इनके पीछे लगभग सात हज़ार सिपाही भी मौजूद हैं। ऐसी हालत में, आसानी के साथ प्रवेश नहीं किया जा सकता। मेरे इंजीनियर कहते हैं कि हम नियमानुसार ख़ंदकें खोद कर क़िले तक नहीं पहुँच सकते और मेरे तोपख़ाने वाले भी यह कहते हैं, कि वे इन तोपों को, जो मेरे पास हैं, नहीं चला सकते; अतएव अब मेरे पास केवल एक तदबीर रह गई है और उसकी परीक्षा भी पूरी तरह कर लेना चाहिए। यदि इसमें असफलता हुई तो मेरे पास कोई रक्षक-फ़ौज शेष न बचेगी और यह हमारी तबाही का सूचक होगा। हिन्दुस्तान के लिए कौन सी बात कम हानि पहुँचाने वाली है? या तो सहायक-सेना (सहायता के लिए आनेवाली नई फ़ौज) की प्रतीक्षा में समय नष्ट किया जाए अथवा असफलता का जोख़िम उठाया जाए?

वे विप्लवकारी अपने दूसरे हमले की तैयारियाँ कर रहे हैं इसलिए मुझे इस पत्र का यहीं अंत कर देना चाहिए। श्रीमती बार्न्स से मेरा सलाम कह दें।

आपका सच्चा,

—एच. एच. बर्नार्ड

पत्र संख्या 2

(जिसे जनरल सर हेनरी बर्नार्ड ने जॉर्ज कार्निक बार्न्स के नाम 17 जून, सन् 1857 ई. को भेजा था।)

17 जून, 1857

मेरे प्यारे बार्न्स,

किसी असाधारण प्रकार के दुष्ट व्यक्ति ने मेरी बरसाती (वाटर-प्रूफ़कोट) ग़ायब कर दी। यह मेरे पास केवल एक ही थी। हमारे बंगले में दो संदूक हैं जो साधारण देवदार की लकड़ी के बने हुए हैं और इनके अंदर टीन मँढ़ा हुआ है। सबसे छोटे में एक बहुत बड़ा भूरे रंग का रेजिमेंटल कोट रखा हुआ है, यदि आप कृपया बॉक्स खोलकर कोट मेरे पास भेज दें तो आप मेरे साथ बहुत बड़ी नेकी

करेंगे।

इस समय हम देहली के सामने पड़े हुए हैं, या जैसा कि किसी ने हँसी में कहा है, अभी तक हम देहली के पीछे हैं। जो दीवारें (फ़सीलें) मैदान में खड़ी हुई तोपों से उड़ाई जाने वाली थीं, वह 18 पाउंड वज़नी गोलों के समक्ष ज्यों की त्यों सुदृढ़ खड़ी हैं। हम महल पर गोलाबारी करते रहते हैं और अभी तक किए जा रहे हैं। 'राइफ़लज़' पल्टन से एक गोरे ने एक हिन्दुस्तानी सिपाही को अपनी बंदूक़ का निशाना बनाया और उसकी 84 मोहरें भी चुरा ली। मुझे आशा है अंगूर विधिवत पक रहे हैं।[1]

उन्होंने इस पर कोई हमला नहीं किया और इसलिए मेरा अनुमान है कि वे (विप्लवकारी) आज हमला करेंगे और फिर एक और चपत खाएँगे।

हडसन[2] को जुकाम है और हल्की-सी सूजन भी है। लेकिन आज कुछ फ़ायदा है। ग्रेटहेड के लड़के को भी हल्का-सा ज्वर हो गया था, किन्तु अब हालत अच्छी है। मरे[3] के लड़के को, जो चाँदमारी से स्कूल में शिक्षा पा रहा था, अब गाइड में भरती कर दिया गया है।

एक महावत कमसरियट के सबसे अच्छेहाथी को बादशाह की सेवा में भेंट देने के लिए कल देहली ले गया था। कर्ज़न[4] तुम्हें सलाम कहता है और कहता है कि लोग हमारी पूजा करने के लिए अभी तक नहीं आए। जनरल रीड[5] अच्छे हैं अतएव वे अपने सफ़र के लिए वापस लौट जाएँगे।

मेरी आकांक्षा है कि वह मेरे जनरल को इस मोर्चे के समाप्त हो जानेके बाद मद्रास भेज दें। वह इसलिए, कि जनरल ग्रांट के अधीन ब्रिगेडियर के पद पर रहकर काम करना उनके पद के उपयुक्त न होगा। ख़ैर, हम देख लेंगे।

तुम्हारा अतीव सच्चा'

—एच. बर्नार्ड

---

1. संभवतः इसका अर्थ यह है कि रंग-ढ़ंग वैसे ही हैं जिसकी आशा थी।
2. लेफ़्टिनेंट डब्ल्यू. एस. आर. हडसन जो बाद में "हडसन ऑफ़ हडसंज़ हॉर्स" के नाम से विख्यात हुआ।
3. लेफ़्टिनेंट ए. डब्ल्यू. मरे जो 42वीं एन. एल. आई. में थे। 14 सितम्बर, सन् 1857 के धावे में आप मारे गए।
4. माननीय आर. कर्ज़न से अभिप्राय है, जो कमांडर-इन-चीफ़ (प्रधान सेनापति) के फ़ौजी सेक्रेटरी थे और जो बाद में 'अर्ल हो' की उपाधि से विभूषित किए गए थे।
5. जनरल रीड वे सज्जन हैं, जो जुलाई सन् 1857 के दिन जनरल बर्नार्ड के हैज़ा द्वारा मृत्यु हो जाने पर उनकी जगह कमांडर-इन-चीफ़ नियुक्त हुए थे।

पत्र संख्या 3

(जिसे जनरल सर हेनरी बर्नार्ड कमांडर-इन-चीफ़ ने जॉर्ज कार्निक बार्न्स के नाम से 18 जून, सन् 1857 ई. को भेजा था।)

मेरे प्यारे बार्न्स*

मैंने अभी आपका पत्र पढ़ा, जिससे मुझे कुछ संतोष हुआ। इसलिए, कि आपने इस प्रस्ताव को पसंद नहीं किया कि मैं अपनी छोटी सी सेना को लेकर देहली में प्रवेश करने का भीषण संकल्प करूँ। मेरा कैम्प, हस्पताल आदि—सारांश यह कि मेरी सेना का सारा सामान अरक्षित पड़ा रह जाए।

मैं स्वीकार करता हूँ, कि जो राजनैतिक सलाहकार मेरे साथ काम कर रहे हैं, उनके प्रोत्साहित करने पर मैं अचानक और भीषण धावा बोलने के प्रस्ताव पर राज़ी हो गया था, जिसमें ऊपर कही गई समस्त बातों की चिंता थी। दैवयोग से यह प्रस्ताव काम में न लाया गया। संभव है, यह परम पिता का आशीर्वाद हो। इसलिए, कि जो कुछ मैंने सुना है और जिन लोगों से सलाह लेते रहना मेरा परम कर्तव्य था, उनके विचार जानने के बाद मुझे इस बात का विश्वास हो गया कि हमारी विजय उतनी ही घातक सिद्ध होती, जितनी हमारी पराजय!

जो सेना कि दो हज़ार सिपाहियों से भी कम की हो और जो देहली जैसे विस्तृत शहर में फैली हुई हो, उसकी शक्ति पर विश्वास नहीं किया जा सकता—विशेषकर इस दग़ाबाज़ी के होते हुए, जिसने चारों ओर से हमें घेर रखा है। मेरे जंगी सामान की क्या हालत होती? (यदि एक बार ही हमला कर दिया जाता।)

इस विचार से कि फ़ौजी क़ानून मेरा पथ-प्रदर्शक है (यद्यपि उस हाय-तोबा का सामना करने के लिए जो इस बात पर उठाया जाएगा, कि हम इतने दिनों से देहली में आख़िर बेकार तथा हिचकिचाहट में पड़े क्यों सड़ रहे हैं—नैतिक साहस अत्यंत आवश्यक है) फिर भी मैं अपने उद्देश्य की सिद्धि के लिए अधिक से अधिक

'के' कृत सिपाही विद्रोह ;मचवल डनजपदलद्ध में इस पत्र के उद्धरण दिए गए हैं और उसमें भूल से यह लिख दिया गया है कि ये उद्धरण बर्नार्ड के एक पत्र से लिए गए हैं, जो उन्होंने सर जॉन लॉरेन्स को लिखा था। संभवतः ऐसा प्रतीत होता है कि इसकी प्रतिलिपि लॉरेंस को भी भेजी गई होगी और वह किसी तरह के महोदय के हाथ पड़ गई होगी और इन्हें शायद कोई ऐसी याददाश्त न मिली हो, जिससे यह प्रगट होता कि आखिर वह उनके हाथ कहाँ से लगी।

प्रयत्न कर सकता हूँ।* धावा बोलने के लिए मुझे उपयुक्त अवसर की सावधानी से प्रतीक्षा है।

मि. ग्रेटहेड ने* जो विचारपूर्ण प्रस्ताव पेश किया था, वह यह था, कि दोआबे (दो नदियों के बीच में अवस्थित स्थान) पर अधिकार कर लिया जाए। देहली से अलीगढ़ सेनाएँ भेजी जाएँ, किंतु यदि मैं शहर में भी होता, तब भी मैं ऐसा नहीं कर सकता था। क़िला और सलीमगढ़ की समस्याएँ अभी तक मेरे विचाराधीन हैं। शहर पर अधिकार क़ायम रहना और दो हज़ार से कम सिपाहियों के सहयोग से इन स्थानों पर चढ़ाई बोल देने का यह अर्थ है, कि मैं एक भी व्यक्ति को अलग न करूँ। हालत यह है कि देहली तोपों से पटी पड़ी है और वहाँ वे सिपाही नियुक्त हैं, जो भले ही खुले मैदान में विशेष उपयोगी सिद्ध न हों, पर पत्थर की दीवारों (फ़सीलों) के पीछे रहकर कुछ न कुछ चमत्कार अवश्य दिखा सकते हैं और जिन्हें भारी तोपों के प्रयोग का भी कुछ ज्ञान है। यही कारण है, गत सप्ताह उन्होंने अपनी इस प्रवीणता से हमें नीचा दिखा दिया; अतएव अम्बाला वाली सेना और 6 तोपें रखने वाली दो पल्टनें कभी इन पर विजय प्राप्त नहीं कर सकतीं। इनकी वर्तमान शक्ति और संगठन का बहुत कम अंदाज़ा किया गया है।

बहुत कुछ सोच-विचार के बाद बर्नार्ड ने इस प्रस्ताव को स्वीकार कर लिया। यह धावा 12 तारीख़ की अँधेरी रात में किया जाने वाला था किंतु ठीक निश्चित समय पर मालूम हुआ कि इस निर्धारित हमले के लिए जो सेना चुनी गई थी उसका एक प्रमुख भाग उपस्थित नहीं है। ब्रिगेडियर ग्यूज़ ने हुक्मनामे का अर्थ ठीक नहीं समझ पाया अतएव वह अपने 300 सिपाहियों को लेकर निश्चित-स्थान पर न आ सका। इस प्रकार जत्था कमज़ोर हो गया और धावे के लिए किसी भी हालत में उपयुक्त न समझा गया अतएव बाध्य होकर धावा बोलने वाली सेना को अपने क्वाटरों में वापस लौट जाने की आज्ञा दे दी गई।

बाक्ली की सराय पर हम एक मोर्चा सर कर चुके हैं। यहाँ विप्लवकारी उस समय तक हमारा भीषण मुक़ाबला करते रहे, जब तक उनकी तोपों पर उनका अधिकार रहा। उसके बाद से हम पर लगातार हमले हो रहे हैं। प्रत्येक नया हमला

---

* 11 जून को जनरल बर्नार्ड के नाम इस आशय की एक सूचना भेजी गई थी, जिसमें काबूली दर्वाज़ा तथा लाहौरी दरवाज़े पर फ़ौरन हमला कर देने की नीति पर ज़ोर दिया गया था। इस हुक्मनामे पर चार अफ़सरों के हस्ताक्षर थे, जिनके नाम हैं (1) विलबर फ़ोर्स (2) ग्रेटहेड (3) म्यूनिसिपुल चीनी (इंजीनियर) और (4) हडसन (ख़ुफ़िया विभाग)

* हारवे ग्रेटहेड, जो पहले मेरठ के कमिश्नर थे और अब मैदानी फ़ौज के राजनैतिक सलाहकार की हैसियत से काम कर रहे हैं।

दुगने उत्साह से किया जाता था, पर साथ ही भारी हानि के साथ उन्हें पीछे हटा दिया जाता था। अब हम इस स्थिति पर पहुँच गए हैं, जहाँ से उस स्थान को नष्ट किया जा सकता है। मेरी समझ मेंसब से अच्छी नीति यह है, कि इसे कठिन काम की तरह अमली ढ़ंग में देखा जाए और यह बात भलीभाँति हृदयंगम कर ली जाए, कि काफ़ी फ़ौज के बिना सफलता प्राप्त नहीं हो सकती।

ज़रा एक बार हम शहर में पहुँच भर जाएँ, फिर तो पौ-बारह हैं, पर यदि अपना अधिकार हम क़ायम रख सकें। फिर जब कभी मि. कॉलविन को जिस किसी उद्देश्य की सिद्धि के लिए फ़ौज की ज़रूरत होगी, उसका उनके लिए प्रबंध कर दिया जाएगा।

देरी से वास्तव में बड़ी उलझन होती है और हर रोज़ इन धावों में सिपाहियों का नष्ट होना बड़ा ही दुखदाई सिद्ध होता है। मैं सकुशल हूँ, यद्यपि बहुत अधिक उद्विग्न हूँ, पर मैं तुम्ळें विश्वास दिलाता हूँ कि जितना अधिक मैं विचार करता हूँ उतना अधिक मुझे अर्थ-शून्य और निष्फल अनुभव को कार्य रूप में परिणत न करने पर हर्ष होता है और यह जानकर कुछ संतोष होता है, कि आप भी मेरे विचार से सहमत हैं।

मेरी धारणा केवल इतनी है (जिसे अन्य व्यक्ति भी संभवतः जान जाएँगे) कि मुझे देहली में प्रवेश करने के अतिरिक्त और भी कुछ काम करना था।

आप का सच्चा,

—एच. एच. बर्नार्ड

पुनश्च—कल हमने उनको खूब सज़ा दी और उनको भारी हानि पहुँचाई। उन्होंने किशनगंज, ट्रीवेलियनगंज, पहाड़पुर इत्यादि में अपने पैर तथा अपनी तोपख़ाना जमाने का प्रबंध किया था, परंतु हमने दो छोटे फ़ौजी दस्तों के द्वारा, जो मेजर टॅमस एच. ए. और मेजर रीड (मंसूरी बटालियन) की कमांड में थे, न केवल उनको उन स्थानों से हटा दिया, बल्कि सराय के बाहरी भाग को उनसे बिल्कुल साफ़ कर दिया और नगर के इस भाग से हमने उनको निकाल बाहर किया। सुना है कि इस बात का उनके ऊपर अत्यंत निराशाजनक प्रभाव पड़ा है औ यह भी सुना है, कि वे बहुत परेशान हो रहे हैं। लेकिन फ़सीलों (प्राचीरों) से जो गोलाबारी वे करते थे वह वैसी ही सही और ज़ोरदार है, जैसी पहले थी। और जब तक हम अपने अभिप्राय में सफल न हों, हम कोई लाभकारी कार्यवाही कर ही नहीं सकते। व्यावहारिक कार्य की तो यह सूरत है, कि उस मुश्किल के अतिरिक्त, जो तोपख़ाना और लड़ाई का सामान एकत्र करने में उठानी पड़ती है मेरे तोपख़ाने की कमांड-अफ़सर सिर्फ़ 6 तोपों के चलाने का प्रबंध कर सकता है और मेरे इंजीनियर के पास रेत का एक थैला भी नहीं है। वास्तव में यह हद से ज़्यादा तकलीफ़ देने वाली बात है। मैंने उस समय तक कभी क़ायदे के साथ

आक्रमण करने का विचार नहीं किया, जब तक मुझे यह विश्वास न हो जाए, कि मैं उन सब की सब तोपों को, जो मेरे ख़िलाफ़ लाई जाएँगी, उन्हें ख़ामोश कर दूँगा।

परंतु इस बात को कार्यरूप में परिणत करने के लिए उनके और अधिक निकट तक पहुँचने की आवश्यकता है। विलम्ब के कारण उपद्रवकारियों के जत्थे एक दूसरे से मिल जाएँगे और तब उनका आक्रमण बहुत ही ज़ोरदार हो जाएगा। परंतु मैं इस बात को मान लेता हूँ कि ऐसी कार्यवाही विषैले प्रभावों से परिपूर्ण है। इतना होते हुए भी मैं यह बात विश्वसनीय नहीं समझ सकता, कि जब उनको देहली दरवाज़े को बंद करने के लिए अवसर दिया गया था, तो इस समय हम उससे कहीं अधिक कर सकते थे, जितना कि हमने किया।

यदि मेरठ वाली फ़ौज दिल्ली में फ़ौरन घुस आती, तो सब कुछ बचाया जा सकता था; लेकिन जब अम्बाला वाली फ़ौज निश्चित-स्थान पर पहुँची तो अवसर कभी का हाथ से निकल चुका था।

इससे पहले सब से बड़ी मेगज़ीन और लड़ाई के सामान का डिपो मेरे ख़िलाफ़ प्रयोग में आ रहा था। मेरे सिपाही अच्छी तरह हैं। ज़ख़्मी अच्दे हो रहे हैं; परंतु सब के सब इस कार्य से थक गए हैं।

सदा आपका,

—एच. एच. बी.

पत्र संख्या 4

(इस पत्र को हेनरीग्रेट ने, जो देहली पर घेरा डालने वाली सेना के प्रधान राजनैतिक सलाहकार के पद पर नियुक्त थे, जॉर्ज कार्निक बार्न्स के नाम 19 जून, सन् 1857 को भेजा था।)

कैम्प, घेरा देहली

19 जून, सन् 1957

प्रिय बार्न्स,

मिस्टर रिचर्ड्स सोमवार के दिन पानीपत चले गए और यह समाचार मैंने उस समय सुना, जब कि मैं सड़क पर से गुज़र रहा था। उनकी उपस्थिति से किसी सीमा तक वह भय जाता रहा था, जो अफ़सरों और डाक के ठेकेदारों में उस धावे के कारण पैदा हो रहा था, जिसे देहली के दो सौ सवारों की पार्टी ने अलीपुर पर किया था। प्रगट रूप से वे तहसीलदार की खोज में थो। तहसील में पटियाला

के सवारों के अल्प-संख्यक जत्थे के जितने घोड़े उपस्थित थे, वे उन सबको लूट कर ले गए। ज्योंही पंजाब की अनियमित सेना (Irregular force) पहुँच जाएगी हम उनकी इस कार्यवाही का बदला ले लेंगे। मुझे रोहतकको झिंद के राजा साहब के चार्ज में रखने से अत्यंत प्रसन्नता होगी। परंतु सर एच बर्नार्ड इस समय उनकी सेना को पृथक नहीं कर सकते और इसके बिना उनके लिए आक्रमण का प्रयत्न करना बिल्कुल निष्फल होगा।

यदि पटियाला कुछ सेना दे सके और आप को पंजाब से सेनाओं के हिसार की ओर प्रस्थान करने की कुछ सूचना मिले, तो इस सूरत में मैं हर्षपूर्वक इस बात पर तैयार हो जाऊँगा, कि इस ज़िले को अस्थायी रूप में उनकी संरक्षता में दे दिया जाए। ऐसा करना उन निवासियों पर वास्तव में दया प्रदर्शन करना होगा, जो हाँसी और हिसार दोनों से सहायता की याचना कर रहे हैं। आप के इस प्रस्ताव को कार्यरूप में परिणत करने से मुझे बहुत प्रसन्नता होगी और यदि प्रबंध हो जाए, तो मैं महाराजा साहब बहादुर की सेवा में ख़रीता* लिख दूँगा।

मेरा अनुमान है कि नवाब साहब झझ्झर अपरिहार्य रीति से षड्यंत्र में सम्मिलित हुए हैं, किंतु उनका इलाक़ा आमली के उस पार है और हमें इस समय वक्त को टाल ले जाना चाहिए। गढ़ के नवाब साहब बहादुर भाग जाने पर बाध्य हो गये हैं और उनके पहले शासन करने वाले वंश का कोई शाहज़ादा गद्दी पर बिठा दिया गया है। शेष रईस लोग पक्षपात-हीन बने रहने का भरसक प्रयत्न कर रहे हैं। सामान के ढ़ेर हमारे पास आवश्यकता से भी अधिक हैं, हाँ! रुपये की कमी एक ऐसी बाधा है, जिसके विषय में हमें आशा थी, कि देहली विजय कर लेने से जाती रहेगी। मैं उन साहब की चिट्ठियाँ, जो ख़ज़ाने और कमसरियट के दफ़्तर के अध्यक्ष हैं, आप के पास भेज रहा हूँ।

जब मैं वहाँ से रवाना हुआ था, तो उस समय चार लाख के लगभग रुपया था। मैं बहुत आग्रह के साथ अनुरोध करता हूँ कि जो फ़ौजें अब यहाँ आ रही हैं उनके साथ आप रुपये की एक पर्याप्त रक़म अवश्य भेज दीजिए।

आपका विश्वासपात्र

—एच. एच. ग्रेटहेड

पत्र संख्या 5

(इस पत्र को ब्रगेडियर जनरल नेविल चैम्बरलेन एडज्जयूटेंट जनरल ने जॉर्ज कार्निक बार्न्स के नाम 12 जुलाई, सन् 1857 को भेजा था।)

---

* सरकारी पत्र

कैम्प सन्मुख देहली
12 जुलाई, 1857
समय एक बजे दोपहर

प्रिय बार्न्स,

अब, जब कि करनाल हमारे सुरक्षित शस्त्रास्त्र और अन्य सामग्री का डिपो बन गया है, हमें वह पैदल सेना का एक जत्था रखना चाहिए और चूँकि इस कैम्प से हम एक आदमी भी नहीं दे सकते इस कारण हमको सिपाहियों की भर्ती के लिए पंजाब से ही आशा रखनी चाहिए। कृपया इस समस्या के संबंध में लाहौर से पत्र-व्यवहार कीजिए और यदि और सिपाही न मिल सकें तो कम-से-कम सिख सिपाहियों की चार पल्टनों को प्रापत करने का प्रयत्न कीजिए। हमारा पिछला भाग खुला और शांत रहना चाहिए। यदि हम अपनी सामग्री को आरक्षित अवस्था में छोड़ दें, तो यह हमारी बहुत बड़ी भूल होगी। यह पहला ही अवसर है, जब मैंने अधिक सेना की माँग की है। और मैं अब भी ऐसा न करता, किंतु कठिनाई यह आ पड़ी है, कि हम एक आदमी को भी पृथक नहीं कर सकते। 9 जून को एक भीषण लड़ाई में हमारे दो सौ सत्तर आदमी नष्ट हो गये। इस संख्या में निहत, आहत और बीमार सब सम्मिलित हैं। और इस पत्र के लिखते समय भी हम बाहर निकलने के लिए (अर्थात् आक्रमण करने के लिए) उद्यत हैं। चारों ओर से आक्रमण की धमकियाँ दी जा रही हैं।

मैंने करनाल के चुने जाने का अनुरोध इस कारण किया था, कि उसके और हमारे कैम्प के बीच यथेष्ट सुविधापूर्वक पत्र-व्यवहार का क्रम स्थापित किया जा सकता था। और साथ ही यह बात भी है, कि वह शहर से इतनी दूरी पर है कि उस पर किसी सूरत में भी अचानक आक्रमण नहीं किया जा सकता। मेरठ, सहारनपुर और मुज़फ़्फ़रनगर तक वहाँ से पत्र व्यवहार किया जा सकता है और चूँकि वहाँ के नवाब साहब और हमारे बीच में संधि है इस कारण स्थानीय उपद्रव की बहुत ही कम संभावना है। वर्तमान मौसम में मारकंदर नदी* का कुछ भरोसा नहीं और इस कारण बारूद और दूसरे प्रकार की सामग्री को उसके निकट न रखना चाहिए। सुनने में आया है, कि कुछ उपद्रवकारी शिकारी तोप की टोपियों का प्रयोग करते हैं। इस कारण समस्त दूकानदारों और सब जातियों के दूसरे लोगों से, जो इन वस्तुओं का व्यापार करते हैं, इन वस्तुओं को छीन लेने की शीघ्र व्यवस्था करनी चाहिए जिससे कि आग पकड़ने वाली और ज़ोर से फटने वाली बारूद के प्रकार की कोई वस्तु वे अपने पास न रख सकें। सरकार को चाहिए कि वह इस प्रकार की समस्त सामग्री के समूहों पर अधिकार कर लें और एक रसीद दे दे।

---

* करनाल और अम्बाला के बीच का दरिया

आपको ज्ञात हो गया होगा कि भालाबरदारों की पल्टन के हथियार रखवा लिए जाएँगे और यह, कि दसवीं एल. सी. पल्टन भी नहीं आ रही है। जब तक आप हमारे पीछे वाले प्रदेश को शांत बनाये रखेंगे और हमें सामग्री देते रहेंगे, तब तक हमारी दशा ठीक रहेगी या कम से कम हम उस समय तक सामना करते रहेंगे, जब तक कि वह दिन न आ जाए, कि अन्य लोग हमारा स्थान लेने के लिए उद्यत हो जाएँ।

आपका सच्चा,

—नेविल चेम्बरलेन

पत्र संख्या 6

(इस पत्र को लेफ़्टिनेंट हेनरी नॉर्मन स्थानापन्न एडज्युटेंट जनरल ने ज़ॉर्ज कार्निक बार्न्स के नाम 19 जुलाई, सन् 1857 को भेजा था।)

कैम्प सन्मुख देहली

19 जुलाई, 1857

प्रिय बार्न्स,

चेम्बरलेन ने मुझे आपकी 17 ता. की चिट्ठी इसलिए दी, कि मैं एक-दो बातों का उत्तर दूँ। करनाल से तोपख़ाना संबंधी सामग्री का प्रबंध कप्तान नीचवुल के सुपुर्द किया जाने वाला था। परंतु वे बीमार हो जाने के कारण अम्बाला ही में रह गए। इस कारण मैंने तोपख़ाने के किसी डिप्टी एसिस्टेंट कमिश्नर को या फ़ीरोज़पुर से कर्त्तव्यपूर्ति के लिए किसी स्थायी कंडक्टर को तार द्वारा बुला भेजा है। यदि कप्तान नीचवुल साहब स्वस्थ हो गये तो निस्संदेह पहली आज्ञा* ज्यों की त्यों बनी रहेगी।

जो अफ़सर निजी छुट्टी पर गये हुए थे उन सब को वापस आ जाने की आज्ञा 14 मई कोदे दी गई है। इस आज्ञा को कुछ समय पश्चात् दुहरा भी दिया गया था और हमारे विभाग के कप्तान बेकर ने यह सूचना दी है, कि इस आज्ञा का पालन भी हो चुका है। मुझे कसी ऐसे अफ़सर का समाचार ज्ञात न हो सका, जिसने इस आज्ञा का पालन न किया हो यद्यपि कुछ लोगों ने बीमारी के सर्टिफ़िकेट

---

1. चेम्बरलेन को जॉन लॉरेंस ने पहले पंजाब से चलने वाले जत्थे का प्रमुख अफ़सर बनाया
1 था परंतु करनल चेस्टर की मृत्यु के बाद, जो बावली की सराय वाली लड़ाई में निहत हुए थे, वह एडज्युटेंट जनरल बना दिए गए।

* जिसे मिस्टर लीवेसन के द्वारा पहुँचाया गया था

भी प्राप्त कर लिए हैं। मालूम होता है कि करनाल में यथेष्ठ सेना उपस्थित है।

इसमें एतराज़ की कोई बात नहीं है, यदि आप ब्रिगेडियर हार्टली से यह प्रार्थना करें, कि वह पाँचवें बटालियन के दो अफ़सरों को करनाल में कार्य करने के अभिप्राय से भेज दें, यदि उनकी वहाँ पर वास्तव में आवश्यकता हो। किंतु यदि कोई अफ़सर न मिल सके तो एक (लेफ़्टिनेंट चेस्टर के मातहत अफ़सर) को सरलता पूर्वक नौशेरा की बटालियन के साथ, जो सहारनपुर में स्थित है, काम करने के लिए भेजा जा सकता है। हमने अपने बैरियों को कल तीसरे पहर के समय बिना किसी कठिनाई के सब्ज़ी मंडी के बाहर निकाल दिया। हमारी ओर 13 निहत और 69 आहत हुए। अफ़सरों में कल कुल मिलाकर यह हानि हुई—लेफ़्टिनेंट करबज़ियर (75वीं) निहत, अनीसायन वालटर (45वीं देशी पैदल) जो दूसरी फ़्यूज़लियर्ज़ के साथ काम कर रहे थे, सन्निपात के कारण मर गए। लेफ़्टिनेंट जोन्स (इंजीनियर) की टाँग काट डाली गई, लेफ़्टिनेंट पालटौन (61वीं पैदल) बहुत ज़ख़्मी हुए और लेफ़्टिनेंट चेचेस्टर को भी हलकी चोट आई।

अब और पठानों को मत भेजिए। यह चेम्बरलेन की इच्छा है और इसके लिए पर्याप्त कारण हैं। निःसंदेह आप उनको उस समय भेज सकते हैं, जब कोई रिसाला आ रहा हो और वे भी उसमें मौजूद हों। परंतु जितने कम हों, उतना ही अच्छा है।

आपका विश्वासपात्र

—एच. ए. नॉरमन

पत्र संख्या 7

(इस पत्र को लेफ़्टिनेंट डब्ल्यू. यस. आर. हडसन ने जे. डगलस फ़ारसीथ डिप्टी कमिश्नर अम्बाला के नाम 29 जुलाई, 1857 को भेजा था।)

देहली कैम्प

29 जुलाई, 1857

प्रिय फ़ारसीथ,

जो बूढ़ी महिला स्वयं इस पत्र के साथ आ रही है। वह देहली के घेरे की पूर्ण तथा मूर्तिमान कथा है।

वह हमारे विरुद्ध शहर में जिहाद की घोषणा करती थी और अपने चमत्कारपूर्ण तथा ओजस्वी भाषण द्वारा आश्चर्यकारी रीति से मुसलमानों के हृदयों में उत्साह उत्पन्न करती थी। अंत में उनकी असफलता से खिन्न तथा रुष्ट होकर

वह स्वयं रणक्षेत्र में अवतरित हो गई और हरित-वस्त्र धारण करके, घोड़े पर सवार हो, तलवार और बंदूक़ से सुसज्जित होकर इसने सवारों के एक जत्थे की अध्यक्षता की और 75वीं पैदल सेना पर आक्रमण कर बैठी। सिपाहियों का कथन है कि इस एक का सामना करना 5 योद्धाओं के सामना करने से अधिक घातक था और वे यह भी कहते हैं, कि इसने उनके साथियों में से बहुतों को बंदूक़ का निशाना बना दिया। अंत में वह घायल होकर गिरफ़्तार हो गई। जनरल ने पहले-पहल उसे स्वतंत्र रूप में चले जाने की आज्ञा देनी चाही थी किंतु मैंने उनसे आग्रह-पूर्वक प्रार्थना की कि आप ऐसा न कीजिए, क्योंकि वह पुनः शहर में विजयी रूप में प्रवेश करेगी और हमारे अधिकार से निकल जाने पर पक्षपातका एक तूफ़ान पैदा कर देगी और निःसंदेह यह प्रगट करेगी, कि वह अपने चमत्कार के कारण बच गई है और इस प्रकार वह जोन ऑफ ऑर्क* का पद प्राप्त कर लेगी। मुझे उसे आपके पास भेजने की आज्ञा मिल गई है जिससे वह उस समय तक, जब तक

---

* जोन ऑफ ऑर्क

यह महिला 'अर्लियंस की कुमारी' के नाम से भी प्रसिद्ध है। यह फ़्रांस में मेनिसी के निकट पैदा हुई थी। जन्म-काल की तारीख़ तो ठीक तौर से ज्ञात नहीं, किंतु वह युवावस्था में सन् 1431 में जला दी गई थी। अतः यह बात निर्विवाद सिद्ध है, कि वह 15वीं शताब्दी के आरंभ में पैदा हुई होगी। मार्च, सन् 1429 की घटना है कि शहर आरलियंस को अंगरेज़ी सेना ने घेर रखा था। यह कुमारी फ़्रांस के बादशाह चार्ल्स सप्तम के पास गई और कहा कि मुझे ईश्वर की ओर से यह काम सौंपा गया है, कि मैं शहर को बचा लूँ और आपके सिंहासनारोहण का प्रबंध करूँ। पार्लियामेंट के विवादके पश्चात् उसको युद्ध-सचिव बना दिया गया। तब वह अपने कार्य-सिद्धि के निमित्त चल पड़ी। उसकी प्रशंसा डयून्वाय और एरकून जैसे वीर योद्धाओं ने की। अपनी निजी वीरता, साहस और पराक्रम से सेनाओं में असाधारण उत्साह उत्पन्न कर दिया। अंत में उसने आरलियंस को बचा लिया (8 मई) 17 जुलाई को सिंहासनारोहण की विधि पूरी की गई। इसके पश्चात् उसने पेरिस की ओर ध्यान दिया परंतु इसमें उसे असफलता हुई और वह घायल हो गई। सन् 1430 ई. में उसने केम्पियन के प्रसिद्ध नगर से निकल कर छापा मारा परंतु बंदी होकर अंगरेज़ों के हाथ बेच दी गई। इसे रोयन में बंदी कर दिया गया और इसके साथ अत्यंत कठोरता का व्यवहार किया गया। 9 जनवरी, 1431 को इसके विरुद्ध मुक़दमा चलाया गया। यह अदालती कार्यवाही नाममात्र की थी, क्योंकि न्याय का जितना हनन वहाँ किया गया उतना कहीं न हुआ होगा। क्वाय के पादरी की गवाही पर उस पर जादूगरी का अपराध लगाया गया और उसी के दंड में उसे 30 मई 1431 को जला दिया गया। उस काल से उसे एक पवित्र देवीका पद प्राप्त हो गया और पश्चिम के चित्रकारों ने उसके चित्र बनाकर उसे अमर कर दिया।

—अनुवादक

यहाँ का काम समाप्त न हो जाए, बंदीगृह में अथवा किसी ऐसे स्थान में, जहाँ आप उचित समझें, सुरक्षित रखी जाए।

क्या आप कृपया इस बात पर ध्यान रखेंगे, कि इसका आचरण संतोषजनक रहे। यह कहते हुए आश्चर्य मालूम होता है कि वास्तव में इस खूसट बुढ़िया ने यथेष्ट प्रभाव कर लिया था।

आपका विश्वसनीय

—डब्ल्यू. एस. आर. हडसन

पत्र संख्या 8

(इस पत्र को हेनरी ग्रेट साहब ने, जो दिल्ली की निकटस्थ फ़ौजों के प्रधान राजनैतिक-सलाहकार थे, ज़ॉर्ज कार्निक बार्न्स को 15 अगस्त, 1857 को भेजा था।)

कैम्प सन्मुख देहली

15 अगस्त, सन् 57

प्रिय बार्न्स,

मौलवी रजब अली साहेब ने मुझसे यह इच्छा प्रगट की, कि मैं आपको यह सूचना दूँ कि उन्होंने हकीम एहसन उल्ला के नाम एक पत्र भेजा था, जो मुझे पढ़ कर सुनाया गया था और मेरा यह अनुमान था कि इससे कुछ भी हानि न होगी किंतु यह संभव है कि इसके कारण हकीम साहब बादशाह और उपद्रवकारियों के अभिप्रायों का भीतरी भेद खोलने में समर्थ हो सकें। मौलवी साहब कहते हैं, कि इसके कारण हकीम साहब का बहुत अपमान हुआ। कारण यह है, कि वह पत्र सिपाहियों के हाथ में पड़ गया और उन लोगों ने उनके घर की तलाशी से डाली परंतु इस बात का कठिनता से विश्वास किया जा सकता है (कि हकीम एहसन उल्ला ख़ाँ के घर की तलाशी ली गई अथवा उन्हें कुछ हानि पहुँची) कैम्प की दशा में बहुत अधिक उन्नति हो गई है। हमको हर प्रकार की सुविधा है। अभी तक फ़ौज के सिपाहियों का स्वास्थ्य अच्छा है और उसके लिए हम ईश्वर के कृतज्ञ हैं। बैरियों को सब मुक़ामों पर और लड़ाई की सब चालों में बहुत ही असफलता हुई है। जब तक क़िला तोड़ने वाली तोपें पूरी सामग्री समेत न पहुँच जाए, तब तक किसी भी जंगी कार्यवाही का फ़ैसला करना अत्यंत निष्फल है। उस समय तक यह भी ज्ञात हो जाएगा, कि जनरल हेवलॉक की राह देखनी चाहिए अथवा नहीं अब तो प्रत्येक बात से पता चलता है कि अवध की उपद्रवी सेना बहुत जल्दी ही साफ़ हो जाएगी। मुझे आगरे से यह समाचार मिला है, कि 2।।

हज़ार नेपाली फ़ौज जनरल हेवलॉक से लखनऊ के स्थान में मिलने वाली थी। अंत में ड्रमंड को आगरे के देशी अफ़सरों की त्रुटियों और नालायक़ियों की सज़ा भुगतनी पड़ी। उन्होंने उन पर विश्वास किया और वहीं स्टेशनको बरबाद करने में सब से आगे थे। पानीपत में 3,22,000 रुपया लूट में मिला है और मेरठ वालों ने अपने ख़ज़ानों को भरपूर कर लिया है। हडसन पथ-प्रदर्शकों के साथ बाहर गए हैं और वे वहाँ उपद्रवकारियों के उस दस्ते की देखभाल करेंगे, जो रोहतक चला गया है। उन उपद्रवकारियों का यह इरादा था, कि वे ऐसे ही थोड़े से जत्थों को बाहर भेजकर, देश में अशांति पैदा कर सकें। परंतु किसी व्यक्ति ने कहा कि यह एहसन उल्ला की एक चाल है, जिससे वे देहली की फ़ौज को (उसकी टुकड़ियाँ बाहर भेजकर) शक्तिहीन कर सकें और शहर पर पुनः हमारा अधिकार करा दें।

मुझे विश्वास है कि आपने झिंद की फ़ौजों के द्वारा रोहतक के कुछ विभागों पर अधिकार कर लेने के प्रस्ताव पर कार्य न किया होगा। निःसंदेह ऐसी कार्यवाही न करने के लिए आपके पास पर्याप्त कारण है। ब्रिगेडियर वॉलटायल को आगरे में बरख़ास्त कर दिया गया है और उनके स्थान पर करनल कॉटन कार्य कर रहे हैं।

आपका विश्वसनीय,

—एच. एच. ग्रेटहेड

पत्र संख्या 9

(इस पत्र को हेनरी ग्रेटहेड साहब ने, जो दिल्ली की निकटस्थ फ़ौजों के प्रधान राजनैतिक-सलाहकार थे, जार्ज कार्निक बार्न्स के नाम 30 अगस्त, 1857 को भेजा था।)

कैम्प—30 अगस्त, 1857

प्रियवर बार्न्स,

ली वेसन की यह इच्छा है कि गोहाना में मालगुज़ारी वसूल करने के निमित्त एक तहसीलदार की नियुक्ति कर दी जाए। मैं उनको सहसा यह अधिकार नहीं देता। कारण यह है, कि इस बात से महाराजा साहब झिंद के प्रबंध से टक्कर खाने की आशंका है। परंतु यदि राजा साहब कुछ न कर रहे हों, तो मेरी यह इच्छा है, कि आप ली वेसन से कह दें, कि वे अत्यंत सुन्दर रीति से मालगुज़ारी वसूल करने का प्रबंध कर दें।

मुझे इस बात पर विश्वास नहीं होता, कि लखनऊ के लिए किसी बात का

ख़तरा है। हेवलॉक साहब विट्ठर और शिवराजपुर में उपद्रवकारियों को हटाकर अपने दाहिने-बायें और पीछे के भागों को बाग़ियों से साफ़ कर रहे हैं और मैं इस बात का अनुमान भी नहीं कर सकता, कि यदि लखनऊ की क़िलाबंद फ़ौज को किसी प्रकार का डर होता, अथवा उसके बचाने की आवश्यकता होती, तो वे इस प्रकार की कार्यवाही को जारी रखते। आगरे के क़िले की फ़ौज के एक जत्थे नेअलीगढ़ के निकट एक बड़ा मारका सर कर लिया है। उन्होंने 3000 उपद्रवकारियों को मार भगाया और उनके तीन-चार सौ जवानों को समाप्त कर दिया है। नाभा के सवारों में कॉक्स का नाम विशेष रूप से लिया जाता है। मेजर टेनड़ी इमनसाइन मार्श और तीन प्राईवेट अफ़सर क़त्ल हुए हैं। कप्तान पील की अध्यक्षता में एक ब्रगेड कलकत्ता पहुँच गया है। मद्रास की फ़ौजों ने जबलपुर और तनजोर पर अधिकार कर लिया है।

आपका विश्वासनीय,

—एच. एच. ग्रेटहेड

पत्र संख्या 10

(इस पत्र को हेनरी ग्रेटहेड साहब ने, जो दिल्ली की निकटस्थ फ़ौजों के प्रधान राजनैतिक-सलाहकार थे, जॉर्ज कार्निक बार्न्स के नाम 9 सितम्बर, सन् 1857 को भेजा था।)

कैम्प—9 सितम्बर, 1857

प्रियवर बार्न्स,

यदि आप दैनिक तार-समाचार पढ़ते रहे हैं तो उनके सामने मेरे समाचार बासी होंगे। कुदसिया बाग़ और लडलो-कैसल 7 तारीख़ की रात को अधिकार में आ गए थे और उसी समय मोरी दरवाज़े पर 650 गज़ के फ़ासले से 10 तोपों की एक बैटरी लगा दी गई थी। सवेरा होते-होते चार तोपें चलनी प्रारंभ हुईं और सायंकाल तक सब की सब कार्य में व्यस्त रहीं। आरंभ में तोपख़ाने पर अधिक गोले बरसाए गए और कुदसिया और लडकी-चौकियों पर भी आक्रमण किया गया। परंतु हमारी ओर हानि बहुत ही कम हुई। लेफ़्टिनेंट हाइलडियरेंड (तोपख़ाना) और लेफ़्टिनेंट बेज़ईन (विल्लोची) निहत और लेफ़्टिनेंट बर्ड (तोपख़ाना) आहत हुए और लगभग 30 सिपाही निहत और आहत हुए। गत रात्रि से लेकर प्रातःकाल के दस बजे तक केवल तीन आदमी घायल हुए। मोरी दरवाज़ा और काश्मीरी दरवाज़ा पर निशानाबाज़ी अत्यंत प्रभावजनक रही। गत रात्रि को 22 छोटी तोपें लगाई गईं

थीं और एक भारी तोपों की बैटरी भी तैयार है और जब ये सब लग जाएँगी तो गोलाबारी अत्यंत भीषण होगी। मेरे भाई (लेफ़्टिनेंट बिलवरफ़ोर्स ग्रेटहेड रॉयल इंजीनियर्स) पश्चिमीय आक्रमण के प्रधान संचालक हैं।मुझे उनके पास से भी एक अत्यंत रोचक और उत्साह-वर्धक पत्र मिला है। वह तोपों की एक उग्र बाढ़ छोड़ने के लिए परसों का दिन नियत करते हैं। जिस प्रगति से ब्राइंड अपनी दस तोपों से काम ले रहे हैं, उसे देखते हुए यह कहा जा सकता है, कि उस समय तक मोरी दरवाज़े का बहुत ही कम भाग शेष रह जाएगा।

आपका विश्वसनीय,

—एच. एच. ग्रेटहेड

पत्र संख्या 11

(इस पत्र को हेनरी ग्रेटहेड साहब ने, जो दिल्ली की निकटस्थ फ़ौजों के प्रधान राजनैतिक-सलाहकार थे, जॉर्ज कार्निक बार्न्स के नाम 13 सितम्बर, 1857 को भेजा था)

कैम्प—13 सितम्बर, 1857

प्रियवर बार्न्स,

इस समय तो मोरी दरवाज़े का बुर्ज भारी तोपों के लगाने के लिए उपयुक्त नहीं है। परंतु फिर भी तोपें वहाँ से कभी-कभी धोखा देने के अभिप्राय से छोड़ी जाती थीं। काश्मीरी दरवाज़े का बुर्ज प्रभावजनक रीति से चुपकर दिया गया है। अब वह खंडहरों का एक ढ़ेर मात्र है और तोपों के जो गोले वहाँ फेंके जा रहे हैं उनकी मौजूदगी में वहाँ किसी को भी टिकने का साहस नहीं होता। बुर्ज के दाहिने हाथ वाली प्राचीर में एक बड़ा छेद कर दिया गया है। और हमारे गोले क्रमशः उसको चौड़ा कर रहे हैं। छेद करने वाली बाईं ओर की बैटरी ने जो चुंगी-घर के अहाते की दीवार से 180 गज़ की दूरी पर लगाई गई थी, केवल कल से गोले बरसाने आरंभ किये हैं। उस तोपख़ने के बनाने में असीम विपत्तियों का सामना करना पड़ा और जंगी कामों में इसके कारण बाधा भी पड़ गई। पहले-पहल इसे कुदसिया बाग़ में लगाने का विचार था। वहाँ अधिक सुरक्षित रूप से और शीघ्र तैयार किया जा सकता था; किन्तु उसके और प्राचीर के बीच में ऐसी-ऐसी नई कठिनाइयाँ आ पड़ीं, जिनका उल्लेख किसी भी मानचित्र में न था। इसी कारण सामने की ओर बहुत सी नई ज़मीन को इतनी दूरी से दुरुस्त करना पड़ा, कि वहाँ मज़दूरों पर अत्यंत ही उग्र रूप में गोलाबारी होती रही। तोपख़ाना कल तीसरे

पहर तक तैयार न हो सका। अब उसका प्रयोग पानीके बुर्ज और बीच वाली दीवार के विरुद्ध किया जा रहा है। किंतु यह कार्य अत्यंत ही कठोर परिश्रम का है। प्रत्येक व्यक्ति को कप्तान फ़िगन की मृत्यु का, जिनके शिर में तोपें चलने के थोड़ी ही देर बाद गोली लगी, असीम शोक है। वह अत्यंत वीर और पराक्रमी थे और अपने को ख़तरे में डालने से कभी न हिचकते थे। गोली लगते समय उनका आधा शरीर खाई के बाहर था और वह यह देख रहे थे कि निशानाबाज़ी कहाँ से की जाए। जिन भयप्रद स्थितियों को सुगम बनाया गया है, वे अत्यंत ही भयंकर थीं। तोपख़ान के अफ़सरों को ज़रा सा भी आराम करने का अवसर नहीं मिला। जबसे तोपें प्रयोग में लाई जा रही हैं, तबसे वे रात दिन काम में लगे हुए हैं। शहर की सीधी गोलाबारी में बहुत कमी हो गई है। परंतु शत्रु अप्रत्याशित स्थानों पर नवीन तोपें चढ़ाने में अत्यंत ही चतुर और प्रवीण मालूम होते हैं। वह उस मैदान से, जो हमारे दाहनी ओर है, भीषण रूप से घातक गोलाबारी कर रहे हैं! हमारी बाईं ओर दरिया की दिशा से भी दो तोपों के द्वारा अबतक गोलाबारी कर रहे हैं। सलीमगढ़ भी हमारे समस्त पश्चिमीय तोपख़ाने पर गोले और बम फेंक सकता है। इन सारी कठिनाइयों के होते हुए भी हमारी कार्यवाहियाँ उन्नति कर रही हैं और मुझे विश्वास है, कि कल या परसों हल्ला प्रारम्भ कर दिया जाएगा। कमांडिंग अुसरों को समस्त आदेश मिल चुके हैं। सारे स्थानों पर रक्षा का पूरा प्रबंध कर लिया गया है। केवल बाहर निकल कर उनके अचानक धावों का कुछ प्रबंध कर भी नहीं सकते। घिरी हुई सेना में से सिपाहियों के भाग जाने के संबंध में मुझे कोई विश्वसनीय समाचार नहीं मिला। घेरा डालना बच्चों का खेल नहीं है। कोई भी शक्ति हमारी सेना की प्राणोपम वीरता में बाधा नहीं डाल सकती। सब बातों का ध्यान रखते हुए, हमारी हानि भारी नहीं कही जा सकती। कुछ अफ़सरों के नामों का उल्लेख ऊपर हो चुका है इनके अतिरिक्त निम्नलिखित हानियाँ हुई हैं—

घायलों की सूची

मेजर कैम्बल (तोपख़ाना) लेफ़्टिनेंट अर्ल (तोपख़ाना) लेफ़्टिनेंट गिल्पी (तोपख़ाना) चांसलर (75वीं सेना) रेंडल (69वीं देसी पैदल सेना) लॉकहार्ट (ला) ईदन (60वीं राइफ़ल्स)

मुझे और किसी का नाम याद नहीं आता। विलियम एडवर्ड्स फ़तहगढ़ के निकट किसी गाँव में परवी और उनके बाल बच्चों समेत सानंद जीवित हैं। मुझे बेचारे हावथॉर्नहिल का शोक है। वह अच्छा मनुष्य था।

उत्तर-पश्चिमीय विभाग में हमारे पास अफ़सर बहुत कम रह गये हैं। मिस्टर कॉलविन पेचिश से पीड़ित हैं। उन्होंने अवसर पाते ही चले जाने का विचार पक्का कर लिया है। मैं अपने प्रबंध को पूर्णरूप तथा नवीन रीति से संगठित करने को तैयार हूँ। परंतु मैं यह नहीं कह सकता, कि आई. पी. ग्रांट कार्यकारिणी शक्ति को दृढ़ बनायेंगे या नहीं। मेरे आदमियों ने विशेषकर मिसेज़ बार्न्स ने आपकी धर्मपत्नी को बहुत-बहुत पूछा है और वे उनकी क्षेम7कुशल जानने के लिए सदा उत्सुक रहती हैं।

आपका विश्वसनीय,

—एच. एच. ग्रेटहेड

पत्र संख्या 12

(इस पत्र को हेनरी ग्रेटहेड साहब ने, जो दिल्ली की निकटस्थ सेना के प्रधान राजनैतिक-सलाहकार थे, जॉर्ज कार्निक बार्न्स के नाम 16 सितम्बर, 1857 को भेजा था।)

दिल्ली, 16 सितम्बर 1857

प्रियवर बार्न्स,

मैंने लडलो-कैसल कीऊँचाई से हल्ले का निरीक्षण किया। मैं अनुमान भी नहीं कर सकता, कि कोई व्यक्ति अधिककाल तक उन अल्प क्षणों की विकलता को सहन कर सकता है, जो जत्थे के शिरों के लुप्त होने और उसके भग्न-स्थान तक पहुँचने के लिए बीतने आवश्यक हैं। जो गोलीबारी प्राचीर से पानी के बुर्ज वाले छेद के विरुद्ध की जा रही थी, वह इतनी भीषण थी कि केवल दो सीढ़ियाँ खाई तक पहुँचने में सफल हो सकीं। मेरे भाई1 बेलवी तोपख़ाने से उस भग्न-स्थान तक जाते-जाते घायल हो गये। गोली उनकी दाहिनी हँसली से गुज़र कर सीने के पार उतर गई। दूसरे भाई2 धावे के समस्त भय सहन करने के पश्चात् बच गये और ईश्वर को धन्यवाद है, कि अब वह बिल्कुल स्वस्थ-चंगे हैं। काश्मरी दरवाज़े की प्राचीर के छेद तक सीढ़ी लगाकर पहुँचने और दरवाज़े को बारूद द्वारा उड़ा देने और भीतर प्रवेश करने के काम बहुत ही सफल रीति से सम्पन्न हुए। यह सब कुछ दिन-दहाड़े हुआ। निकलसन का जत्था प्राचीर के किनारे-किनारे धावा करता हुआ लाहौरी दरवाज़े के बुर्ज तक पहुँच गया। वह घायल हो गये। युद्ध-सामग्री

1. मिस्टर कॉलवन की मृत्यु 9 सितम्बर को हो चुकी थी।
2. लेफ़्टिनेंट बिलवर फ़ोर्स ग्रेटहेड, जो दूसरे जत्थे से संबंध रखते थे।

में न्यूनता आ गई और उन्होंने (उपद्रवियों ने) पलटकर फिर काबूली दरवाज़े पर आक्रमण किया। करनल कैम्बल का जत्था, जो जान पर खेलने वाले वीर मेटकॉफ़ के अधीन था, अत्यंत गौरव-पूर्वक जामा मस्जिद पहुँच गया। इनका इंजीनियर-अफ़सर गोली खाकर मारा गया और रेत के थैले पीछे रह गये।

अन्य लोग टेंडी और बराँव (इंजीनियर्स) की अधीनता में भेजे गये। पहले साहब तो निहत और दूसरे साहब आहत हो गये। लाहौरी दरवाज़े वाले भाग से कोई सहायता नहीं आई और इसलिए कैम्बल को पीछे हटना पड़ा। पहले बेगम के बाग़ की ओर, जिसे वह एक घंटे तक अपने अधिकार में रख सके और तत्पश्चात् गिरजा के अहाते में। यह एक नाजुक अवसर था। हमारे सिपाही थककर चूर हो गये थे। बहुत से अफ़सर बेकार हो गये थे और घबराहट बहुत अधिक फैल गईं और बड़े-बड़े बाज़ारों की ओर मोड़ दी गईं और इस प्रकार पांडे का अंतिम अवसर भी हाथ से निकल गया।

खेद है कि जम्मू की सेना जब से अपने पहाडत्रे थानों से निकली है केवल बिल्कुल असफल ही नहीं रही, प्रत्युत किशनगंज में पांडों के विरुद्ध इनके हाथ से चार तोपें भी जाती रहीं। और इसी कारण उन्होंने रीड के पार्शवों को भयप्रद स्थिति में डाल दिया। यदि यह समाचार सत्य है तो दीवान साहब ही सबसे पहले भागे थे। झींद की पैदल सेना की कार्य-परायणता बहुत अच्छी रही। आज हमारी स्थिति में बहुत कुछ उन्नति हो गई है। मेगज़ीन पर अधिकार कर लिया गया है और अब हमारा अधिकार क्षेत्र काबूली दरवाज़े से लेकर नहर के बराबर उस सेना की चौकियों तक विस्तृत हो गया है, जो मेगज़ीन पर अधिकार जमाये हैं। शहर के इस सारे भाग को निवासियों ने ख़ाली कर दिया है। और इस कारण वहाँ से जो रुपया पैसा मिल सकेगा, अपने अधिकार में ले लिया जाएगा। पांडों की एक पर्याप्त संख्या निहत हुई और मेरा अनुमान है कि बहुत ही कम लोग बचने पाये हैं। किंतु किसी स्त्री की जान-बूझ कर यंत्रणा नहीं दी गई।

कैम्प की रक्षा किशनगंज की असफलता से एक सीमा तक भयग्रस्त हो गई थी। उस पर आक्रमण की आशंका थी, किन्तु हुआ नहीं। सलीमगढ़ और शाही महल पर गोले बरसाये जा रहे हैं। मेरी धारणा है कि पूर्ण सफलता निश्चित है। हमारी सेना में आहत-निहत दोनों की संख्या आठ सौ से कम न होगी। निकलसन[1] के प्राणों का पूरा भय है। इनकी हानि की पूर्ति असंभव है। करनल कैम्बल (52वीं) भी अयोग्य हो गये हैं। सब करनल जो रह गये हैं, उनके ये नाम है—लाँगफ़ील्ड (8वीं) जोन्स (61वीं) डेनिस (52वीं)। जनरल विलसन अत्यंत प्रोत्साहित किये गये हैं। मिस्टर कॉलविन 9वीं को स्वर्गवासी हुए।

---

1. बिगेडियर जनरल जॉन निकलसन 23 सितम्बर को स्वर्गवासी हुए।

मिस्टर रीड[1] ने सीनियर सिवीलियन होने की हैसियत से इस बात के संबंध में एक असाधारण सरकारी गज़ट प्रकाशित किया है कि उन्होंने उत्तर-पश्चिमीय सूबों का समस्त शासन अपने हाथ में ले लिया है। ब्रिटेनिया के पास इस प्रदेश के क्षेत्रफल के बराबर राज्य मौजूद है।

आपका

—एच. एच. ग्रेटहेड[2]

पत्र संख्या 13

(इस पत्र को सर जॉर्ज लॉरेंस चीफ़ कमिश्नर पंजाब ने, जॉर्ज कार्निक लॉरेंस के नाम 11 अक्टूबर, 1857 को भेजा।)

लाहौर,

11 अक्टूबर, 1857

प्रिय लॉरेंस

आपने जो पचास रुपये डाक बंगले में जिस निर्धन लड़की को दिये थे मैं उसही को आप की सेवा में भेज रहा हूँ। मुझे उसका नाम याद नहीं रहा। मुझे आशा है कि वह सुरक्षित रूप से अपने निर्द्रष्ट स्थान तक पहुँच जाएगी। मैंने सांडर्स को लिख भेजा है कि (मौलवी) रजबअली साहब को भेज दें जो बेचारे अपनी सेवाओं के होते हुए भी विचित्र विपत्ति में फँस गये हैं। मुझ दुःखी को उनके पंजाब में वापस बुला लेने से प्रसन्नता होगी और यहाँ मैं उनके लाभ का विशेष ध्यान रखूँगा।

तूफ़ान समाप्त हो गया और हमें साँस लेने का अवकाश मिला और जब मैं विगत घटनाओं पर दृष्टि डालता हूँ तो मुझे इस बात पर आश्चर्य होता है, कि हम लोग किस प्रकार अब तक ज्यों के त्यों जीवित स्थित हैं। केवल परमात्मा की अनुकम्पा के कारण हम जीवित बचे हैं। निश्चयरूपेण यह बात हमारी प्रत्याशी को उल्लंघित कर गई, कि समस्त पंजाबी पल्टनें विश्वास योग्य तथा स्वामि-भक्त रहीं। हज़ारा के विषय में मुझे अभी संतोष नहीं हुआ। मरी में भी कोई महत्वपूर्ण घटना घटित होने वाली थी और जैसी कि मैंने आशा की थी, समस्या अभी पूर्ण रीति से हल नहीं हुई। मै। पिंडी में एक और सेना भेज रहा हूँ और उस सेना को हटा देना चाहता हूँ, जो लुधियाना में अभी भरती की गई है। गोलनियर में

1. उत्तर-पश्चिमीय सूबों के साहब लेफ़्टिनेंट गवर्नर का नाम।
2. हरवले ग्रेटहेड (इस पत्र के लेखक) हैज़े में ग्रस्त होने के कारण तीन दिन पश्चात् 19 सितम्बर को इसी रोग से मर गये।

दुष्प्रबंध फैला हुआ है और जंगल बहुत घना है और उपद्रवियों को बड़ी सरलता से वहाँ पर सुरक्षित स्थान मिल सकते हैं। जॉन पियन, जिन्होंने सेना का संचालन किया था, अत्यंत कायर निकले क्योंकि जब बदमाश उनके अधिकार में थे तब उनका कुछ भी न बना सके। अब उन्हें बुख़ार चढ़ आया है। इस कारण अब उनको अवश्य लौट आना चाहिए। तब कहीं मैं आशा कर सकता हूँ, कि सब मामले ठीक तय हो सकेंगे।

सिक्खों की उन दो पल्टनों का क्या परिणाम हुआ, जिन्हें रिक्ट्स (डिप्टी कमिश्नर लुधियाना) ने भर्ती किया था। मुझे आशा है कि उन्हें तोड़ न दिया गया होगा।

आप जानते हैं कि मेरा स्वभाव लोगों की, आवश्यकता से अधिक प्रशंसा करने का नहीं है। अब मुझे अपनी भूल मालूम हो गई है किंतु जो कुछ भी मैं कहता हूँ उससे मेरा अभिप्राय वही हुआ करती है और मेरे मत से तो आपने बहुत अच्छा किया कि डिवीज़िन को दाहनी ओर रखा और सेना की सहायता की। आपकी चौकी भीषण स्थिति में थी। पटियाला, नाभा और झिंद* के लिए जो पुरस्कार हमें निश्चित करने चाहिए, उन पर आप भी ज़रा विचार कर लीजिए। उन्हें अवश्य पुरस्कृत करना चाहिए। यदि वे स्वामि-भक्त न बने रहते तो हम कहीं के न रहते।

आपका विश्वसनीय,
जॉन लॉरेंस

---

* नवाब साहब झझ्झर और रईस-दादरी, जिन पर विप्लव करने का इल्ज़ाम था, की ज़ब्त की गई जागीरें इन तीनों में बाँट दी गई थीं।